"十三五"国家重点出版物出版规划项目

中國财政学会
财政与国家治理系列丛书

Research on China's
Interprovincial Fiscal Disparities

中国地区间
财力平衡问题研究

郑涌 / 著

中国财经出版传媒集团
经济科学出版社
Economic Science Press

财政与国家治理系列丛书编委会

总　序

实现中华民族伟大复兴，是一百多年以来无数海内外中华儿女的梦想。今天，我们比历史上任何时期都更接近、更有信心和能力实现中华民族伟大复兴的目标。当我们端起历史的望远镜，回看一百多年来我们走过的路，我们看到财政与国家命运的关系是如此紧密，国家命运的变化和兴衰背后竟然隐藏着深刻的财政密码。

公元 1840 年，天干地支纪年法为庚子年。这一年发生了第一次鸦片战争，西方列强敲开了封闭的清朝的大门。1842 年，清政府签订了丧权辱国的《南京条约》，使中国陷入了近代半殖民地社会的泥潭。在此之后，列强侵略、军阀割据、生灵涂炭。虎门陷落，英军侵入珠江；甲午战败，北洋水师覆没；卢沟桥事变，日军全面侵华，中华民族经历了太多的屈辱史。但是谁能想到，近代国运衰弱的背后，隐藏着鲜为人知的财政密码。拿当时的中国和英国相比较，鸦片战争前中英工业制造能力、军事实力的巨大差距只是表象，深层次里是财政制度、国家治理体系和治理思想的巨大差异。英国 1668 年的"光荣革命"，议会永久地把国王的财政权力关进法律的笼子里，并逐步建立起现代财政制度。"光荣革命"确立的税收法定原则，为英国工业革命奠定了基础，也为英国殖民战争提供了财力支撑。2000 多年前就已确立的中央集权统治和财政制度没有与时俱进，在清政府的财政收入中地丁、盐课、关税是主要来源，其中地丁一项几乎占到政府收入的 2/3 左右。重农抑商的财政制度使中国的发展长期停留在以农业为主的状态，国家的综合实力难以壮大。而且，在有限的政府财力中用于国防的也十分有限，财政权被滥用，腐败严重，不少支出化为皇室、大臣奢侈享乐等政府消费性支出。即使面临严峻的军事威胁，这种惯性也难以迅速改变。财政无法把经济、政治和国防整合起来，国家综合实力不能通过财政的转化而增强，国家衰败是不可避免的。

公元 1949 年，天干地支纪年法为己丑年，这一年中华人民共和国成立。当毛泽东主席在天安门城楼上宣告中国人民从此站起来了的时候，很少有人想到，无数人为之奋斗的这一天的到来，背后也隐藏着财政密码。毛泽东 1938 年发表的《论持久战》中有这样一句话："抗日的财源十分困难，动员了民众，则财政也不成问题，岂有如此广土众民的国家而患财穷之理？" 1949 年，毛泽东发表的《我们是能够克服困难的》一文中写道："二十二年的人民解放战争告诉我们，在任何一个驱逐敌人建立人民政权的区域，必不可免地要经过一个困难的时期。……为着克服困难，必须完成几项根本性质的工作，这就是：（一）消灭封建势力，使农民得到土地；（二）实行精兵简政，简省国家开支；（三）在上列两项基础之上初步地恢复和发展一切有益的工业和农业生产。"毛泽东所谈到的三项根本性质的工作，每一项都与战时财政制度密切相关。中国共产党战时废除苛捐杂税、减租减息等财政制度为中国革命奠定了强大的经济基础、社会基础和政治基础。

公元 1978 年，天干地支纪年法为戊午年，这一年中国共产党十一届三中全会召开。1978 年的中国，是中华民族 5000 年历史上具有重要意义的一年。如果说 1949 年中国的变化是让中国人民站了起来，那么 1978 年的变化则是中华民族走向富裕道路的开始。但是，当年我国面临着十年"文革"带来的严峻局面：经济凋敝，科技落后，人民贫困。与世界其他国家相比，我国经济不仅与发达国家的差距进一步扩大，而且还被一些发展中国家和地区远远地甩在了后面。邓小平强调，不改革开放，总有一天会被开除"球籍"。可以说，贫困与落后，生存危机与开除"球籍"的危险，是撬动中国改革开放最大的动力。解决短缺问题的根本途径是提高生产力，提升经济效率，市场化无疑是唯一出路。要建立充满生机的社会主义经济体制，增强企业活力是经济体制改革的中心环节。而这个时候，是财政改革率先打破高度集中计划经济体制的缺口，也是财政改革为市场化改革奠基铺路。财政改革是围绕"增强企业活力"展开的，而"利改税"则是增强企业活力、确立企业市场主体地位的关键一步。

在人类史上，没有哪个国家的发展是一帆风顺的；没有哪个国家的发展没有遭遇过重大风险，甚至危机。审视历史，其背后都隐藏着财政密码，左右历史变迁的进程，从历史的波澜中都能找到财政的身影，重大的历史变革无不指向财政。面对风险和危机，果断地进行财政变革，就能化风险为动力、化危机为转机；如果拖泥带水、停滞不前，等待的就只能是灭亡。美国的"进步时代"和苏联的解体是对此最好的诠释。"进步时代"之前，美国财政制度既杂乱又低效，藏污纳垢，完全不对民众负责。国家面临的问题，也是腐败横行、假冒伪劣猖獗、重大灾难屡屡发生、社会矛盾异常尖锐。在"进步时代"，美国从收入和开支两方面对其财政制度进行了彻底的改造，建立了现代财政制度，其现代国家的基础就是在这个时期奠定的。到 20 世纪 20 年代，美国已建立了一个高效的现代国家机器。没有在"进步时代"打下的财政制度基础，美国资本主义的命运也许完全会是另外一种结局。反观苏联解体，最大的原因也是因为苏联一直实行高度集权的财政制度，导致整个社会毫无活力和动力，风险长期积累，遇到问题冲击时"帝国"便分崩离析。

历史是一面镜子——知兴衰，明得失，可照现实，可照未来。当我们审视人类历史的长河时，发现财政与国家治理的关系是如此紧密。尤其是人类社会已经进入风险社会，其特征是高度不确定性。在风险社会，经济风险、社会风险、债务风险、金融风险，以及地缘政治风险等公共风险相互交织、叠加放大、全球互联，若处理不好会引发严重的发展危机。在这一背景下，研究财政与国家治理的关系尤为重要。基于此，中国财政学会推出了《财政与国家治理》系列丛书，丛书试图从各个角度解读实现国家治理体系和治理能力现代化背后的财政密码，为实现中华民族伟大复兴贡献智慧力量。

2018 年 5 月

前　言

地区间非均衡发展是大国经济的常态，保持各地区社会事业和公共服务相对均衡是各国政府施政的重要追求目标。我国是一个自然条件迥异、人口众多的发展中大国，地区间经济发展水平差距将会长期存在，如何在非经济均衡状态下实现国家的长治久安，是一个重要课题。

20世纪末到21世纪初，由于我国地区间财力差距迅速扩大，针对地区差距的理论研究相对较多。但由于近年来我国各地经济发展速度不一、公共服务范围扩展较快等原因，一些理论和建议已经与现实情况存在偏差，更无益于为未来政策提供参考。鉴于此，本书从我国地区间财力差距的历史、现状和未来趋势着手，探索缩小我国地区财力差距和区域协调发展的财政路径，具有较强的理论和实践意义。

改革开放后，随着改革开放和市场化进程的深入，我国迅速从一个地区发展较为均衡的国家发展为一个地区间差距较大的国家。尽管2000年以来，中央实施了均衡发展战略，如西部大开发、振兴东北老工业基地、促进中部崛起等，但从国际比较看，我国仍是地区间财力差距最大的国家之一。无论是经济指标、社会指标，还是基本公共服务指标，地区间差距都比较明显。对于我国这样的多民族的社会主义国家，日益扩大的地区差距不仅会阻碍基本公共服务均等化进程，而且会对我国经济发展、社会进步、政治稳定和环境保护产生深刻的影响。

由于自然条件的差异和历史原因，地区差距的存在是不可避免的。2009年世界银行总结经济地理的全球性经验表明，世界上没有哪个经济体内的各个地区能够完全均衡地发展。虽然有一些国家实现了地区间人均国内生产总值水平大体均等，但我国受客观条件限制是不可能做到的。国内外经验证明，寄希望于完全通过市场手段来解决地区间差距问题只是一个幻想。市场的力量不会自动使稀缺的人力资源和资本流向欠发达地区，而是倾向于将经济增长所需的生产要素引向发达地区。如果说现在美国、日本等发达国家的地区间经济发展水平已经相差不多，那主要是政府干预措施所创造出的一种均衡。因此，我国政府实施区域协调发展的战略以及缩小地区间财力差距的财政政策是非常正确和必须坚持的。

为缩小地区差距，世界各国政府普遍采用转移支付手段，促进公共服务均等化，保证社会公正和机会均等。我国分税制财政体制已经运行20多年，国家整体财政实力大为增强，中央政府已经具备了较强的再分配调节能力，实现基本公共服务均等化的时机已经较为成熟。但不能回避的是，前进的路上仍存在较大的制约因素，需要全社会形成较大共识，需要国务院有关部门和各地方政府密切配合，采取强有力的措施。

本书主要从财政政策的角度，研究"十三五"期间及今后较长一段时期内缩小我国地区财力差距的路线图。即通过进一步深化财政税制改革，确保中央宏观调控能力，调整现有支出结构，完善转移支付制度和地方政府债务体系建设，为建立健全公共服务制度体系奠定基础，最终实现基本公共服务均等化的目标。

郑 涌

2018年6月

目录

第 *1* 章

导　　论

随着交通和信息技术的迅速发展，似乎地球越来越小了，地区之间的距离越来越近了，人们会不约而同地从不同侧面关注地区间财力差距给各自日常生活带来的影响，如工资待遇、教育、卫生、交通基础设施、文化、环境等公共服务。一条社会可容忍的"红线"悄悄在每人的心里勾画，而永不触及这条"红线"，有计划、有步骤地解决发展中的地区贫富差距问题，是对政府执政能力的考验，也是一个财政理论研究者的永恒课题。

1.1　问题的提出

地区发展不平衡，是大国发展过程中普遍遇到的难题。而且，经济增长越快，地区差距越大。由于经济基础、资源禀赋、区域位置等原因，我国地区之间经济发展水平不可能完全均衡，这是我们必须面对的现实国情。地区间贫富差距是长期形成的，要缩小差距也不是一朝一夕的。早在封建社会，历朝历代圣明的将王帝相，无不对辖区内的群体、行政区域的贫富差距极为关注，把它看作维持政权稳定的根基。中华人民共和国成立初期，沿海和内陆关系就是中国政府着重处理的十大关系之一，中国政府通过采取强有力的措施，在缩小地区间差距方面取得了显著成效。

改革开放之后，随着非均衡发展战略的实施以及我国东部沿海地区经济高速增长，地区间贫富差距迅速扩大。2000 年以来，按照邓小平同志"两个大局"的思想，实施区域协调发展的战略已经成为我国中央政府的重要工作目标。根据党的十六大、十七大、十八大、"十一五"规划、"十二五"规划和全国主体功能区规划的要求，我国政府采取了很多区域均衡发展战略，旨在促

1

进区域协调发展。那么，2000～2016年的16年间我国地区财力间差距发生了怎样的变化？"一个中国，四个世界"[①] 的问题得到解决了吗？我国未来地区间财力差距的变化趋势如何？下一步缩小地区财力差距的改革路线图如何描绘？都是本书要回答的问题。

经过多维分析，结论是我国现阶段地区间财力差距仍然很大，体现在经济社会方方面面，而且经济、人口、资源、公共服务水平的空间分布很不合理。随着社会公众对自身的权利和利益越来越关注，地区间财力差距产生的影响越来越深、越来越广，差距无处不在。例如，教育、卫生、社会保障等公共服务领域的差距几乎涉及每个人的自身利益。据国际比较，目前我国地区间财力差距不仅高于美国、德国、日本等OECD国家，也高于印度和巴西等发展中国家。从未来发展趋势判断，今后一段时期内我国经济仍将保持相对高增长的态势，如不采取强有力措施，地区间公共服务能力和水平的差距，特别是绝对差距和累计差距仍将进一步扩大，经济、社会、人口、环境不协调的问题将更加突出，不仅影响我国国民经济社会中长期的可持续发展，也可能导致我国陷入"中等收入陷阱"，甚至将影响社会稳定和国家的长治久安。

1.2　研究内涵和范围

恩格斯说过，"平等与不平等对立，正义与非正义对立"。一般来讲，平等与公正相关，差距过大就意味着不平等、不公正，容易引起社会矛盾。我国两千年来的封建社会历史，也深受孔子"不患寡而患不均"的儒家理财思想影响。例如，战国时期的思想家、政治家管仲曾言："贫富无度则失"；"均赋税、公平分配"是宋朝王安石思想的重要精髓；明朝清明宰相张居正实施的"一条鞭法"也是公平税负的体现。

差距和平等一样，看似一个简单的概念，但并没有人人认同的内涵。差距是个复杂的多面体，在不同历史发展阶段，从不同角度观察，都有不同的结果。一般而言，所谓地区差距指地理位置上不同区域的经济水平、社会事业和公共服务等方面的差距。本书研究的地区间财力差距，是在关注上述差距的基础上，着重缩小地区间财力差距。所谓地方财力指保障地方政府为履行职能所

---

① 胡鞍钢：《地区与发展：西部开发新战略》，中国计划出版社2001年版。

具有的财政收入能力，既包括地方本级财政收入，也包括来自上级政府的税收返还和转移支付，是该地政府财政保障水平的综合反映。与此不同的是，以往财政口径的财力是指地方可支配财力，扣除了上级政府安排的专项转移支付。

近年来，随着"以人为本"理念的深入，我国衡量地区差距的主体也从地方政府逐步扩展到享受政府福利政策的个人。以地方政府为主体的均衡关心两个或两个以上地区之间的平等，而以公民为主体的平等涉及每个人享受的公共服务水平。即使各地区的人均GDP、财政收支完全相等，也不意味着各地区所辖市县是平等的，或者各地区的所有公民能够平等享受政府福利，因为各地的物价、海拔、温度、交通等支出成本都是有差别的。总体来看，在地区财力差距过大的社会里，公民享受公共服务的平等程度也较低；在地区财力差距小的社会里，公民享受公共服务的平等程度也较高。但二者也有相背离的时候。从政治角度看，如果地区和公民收入分配不平等程度都处于高点是十分危险的，即使一方面偏高也孕育着危机。

地区差距既与自然、地理、历史传统等因素有关，也受各地区的工业化、城市化、人口密度、受教育年限、对外开放程度、市场化率等多方面因素的影响。哲学家伯林提出，假设有一个蛋糕，只在小范围内平均分配，那么，这些分配从内部看都是平等的。但这里的关键是总体的外延范围有多大，如果外延很大，即使内部平等了，外部也可能差距会很大。在不同的发展阶段，衡量地区均衡的主体也是不一样的。改革开放初期，公共财政的覆盖范围主要涉及城市和市民，对农村和农民的财政投入较少，即使在城市内部较为平等，但城市和广大农村之间仍是不均衡的。

国际经验证明，公民对因个人智力、能力、机遇等造成的收入分配不公比较能够宽容，但对各地政府提供的公共服务的差距容忍度较低，尤其是社会主义国家的百姓受马克思主义的影响，容忍度更低。因此，与个人之间收入分配不均一样，地区之间财力差距过大的问题事关社会稳定，需要引起高度重视。缩小地区财力间差距，有助于解决个人收入分配不公的问题。

1.3 研究对象和思路

鉴于地区差距的多面性和复杂性，衡量地区间的差距必须从多个维度去考察，具体涉及经济学、政治学、社会学和法学等诸多领域。本书将东中西部地区和省际间的经济指标、社会指标、财政指标和公共服务指标作为研究对象，借鉴现代区域理论和国际经验，总结我国历史和现代的区域发展特征，分析我国各地区所处的不同发展阶段和在国土空间布局中的位置，力图从绝对差距和相对差距、收支增量和财富存量等多角度考察我国地区间差距现状。

在研究思路上，将现行区域发展理论与政府间财政关系理论有机结合，研究在地区非均衡发展状态下，如何综合运用政府和市场化手段，促进我国地区间经济、人口、环境资源的协调发展。从国内外成功的经验看，深化财税体制改革，特别是运用财政手段，促进基本公共服务均等化是缩小地区差距的有效政策工具和实施路径。

1.3.1　经济指标

GDP 是目前国际组织衡量一个国家和地区经济水平的主要指标。GDP 是按市场价格计算的一个国家所有常住单位在一定时期内生产活动的最终成果，能够反映一定区域范围内的经济总量和结构，是政府实施宏观管理的重要依据，也是各国和地区进行经济实力比较的重要指标。但 GDP 不能反映过去的财富积累，不能涵盖社会福利水平和经济增长的社会成本、环境代价，等等。

财政收入指政府参与社会产品分配所取得的收入，是实现政府职能的财力保证。财政支出是指政府财政将筹集起来的资金进行分配使用，以满足政府职能运转和提供各项公共服务所需。我国政府财政收支范围又分为一般预算、基金预算和预算外收支三部分。[1] 但由于各地非税收入纳入预算管理的步伐不一、中西部地区财政压力大和资源性非税收入较高等原因，各地一般预算收入存在口径不可比因素。例如，2006～2016 年各地区非税收入占一般预算收入的比重为 21.0%，其中，东部地区为 15.8%，中部地区为 27.6%，西部地区为 28.4%。分省看，2016 年非税收入比重较高的分别为：湖南 42.5%，天津 40.4%，西藏 36.5%，宁夏 36.4%，重庆 35.4%，云南 35.2%。[2]

---

① 2011 年起，预算外收入开始全部纳入预算内管理。
② 资料来源：历年《中国财政年鉴》。

1. 3. 2　社会指标

1990 年以来，联合国开发计划署每年发行的《人类发展报告》，采用人类发展指数（human development index，HDI）综合评价一个国家和地区的整体生活水平。HDI 提出了更宽泛的人类发展的概念，让人们更好地理解了发展的实质。也就是说，发展不仅是指收入，健康和教育也是人类发展的重要组成部分，缺一不可。

人类发展指数，根据以下三个指标或最终结果，给所有地区赋予一个从 0（人类最低发展水平）到 1（人类最高发展水平）的值。这三个指标分别是：用出生时预期寿命来度量的寿命期；用成人识字率（权重为 2/3）和入学率（权重为 1/3）的加权平均数来度量的文化水平；用经过调整的实际人均收入来度量的生活水平，这里考虑到不同国家货币购买能力的不同，用购买力平价①进行了调整，同时考虑边际效用递减假设。

近年来，我国统计学会组织一些专家、学者，也在研究"综合发展指数"（CDI），设计了一套比较能综合、全面反映地区发展状况的指标体系，具体包括经济发展、民生改善、社会发展、生态建设、科技创新、公众评价六个方面。

1. 3. 3　增量差距与存量的差距

与个人的财富存量和当年收入流量划分类似，地区间政府公共服务方面的差距也可分为以下两类。

一是"存量差距"。但就像不能简单用 1 个月或者 1 年的工资收入水平来比较不同家庭的贫富差距一样，地区间的差距也不能仅用某一年度的财政经济指标来比较。本书通过教育年限、预期寿命、各市县每百平方千米公路拥有量、每万人口医院和卫生院床位数、大专以上人口比重、文盲人口所占比重等结果性指标，初步分析了各地基本公共服务存量差距的影响。

经济发展起点低，公共服务存量差距大，对欠发达地区的现阶段经济发展水平起着不可忽视的制约作用。在一定时期内，即使欠发达地区经济发展速度

---

① 购买力平价：经济学上指根据各国不同的价格水平计算出来的货币之间的等值系数，以便进行比较。

很快，与发达地区的相对收入差距在缩小，但绝对差距仍会继续扩大。这种"扩大中的缺口"现象，是造成地区间不断扩大的主要原因之一。国内外经验证明，即使欠发达地区的经济增长速度相当高，不仅高于全国平均经济增长速度，甚至高于某些发达地区经济增长速度，几十年之后，欠发达地区人均 GDP 和人均预算支出仍然低于高收入地区的水平。

二是"增量差距"。即在各地区经济发展水平和财政能力基础上，衡量当年公共服务投入上的差距。针对"增量差距"，可以通过中央政府的再分配政策，特别是转移支付制度，在短期内就予以缩小；而"存量差距"由于积累的历史较长，表现出的差距程度较大，地区间需求偏好的重点也不尽相同，需要作为政府的一个有效目标、实施步骤，在相当长一段时期内逐步解决。需要指出的是，如果不能完全弥补当年财力增量的差距，地区间财力存量的差距会像滚雪球一样，越滚越大，解决的难度也随之不断增加。

1.3.4 相对差距与绝对差距

目前学者和统计分析人员衡量地区相对差距的技术方法很多，能够从时间序列和空间范畴分析地区发展变化的趋势。而对一般民众而言，感受更直接的是绝对差距，而不是相对差距。有时二者反映的变化趋势并不一致。例如，2006~2012年我国分省人均支出差异系数总体呈下降趋势，而省际间人均支出的绝对差距却在扩大。因此，缩小相对差距只是次优选择，追求平等最理想的目标是缩小相对差距的同时消除绝对差距。

不平等是长期以来形成的现象，我们不可能在一夜之间将它彻底消除。因此，当前我国区域发展的政策目标应定位于：在短时期内，首先阻止相对不平等的继续扩大；在中长期，努力缩小相对差距和绝对差距。消除不平等只能作为我们的最终目标。对于这个最终目标，我们也许只能不断接近，但永远无法达到。

1.4 研究方法

随着计量经济学的不断发展，理论和实际工作者逐步运用一些数理统计学的研究方法来衡量地区间差距。例如，对人均指标的衡量，可以选择差异系数、基尼系数、泰尔指数等。对地区间的指标进行横向比较时，选择差异系数、最大值与最小值的差距，以及与平均值的绝对差距或者相对差距较为适当。

（1）比例法。例如，地区间财政收入最大值与最小值的比较，或者高收入组与低收入组的比较，以及各省市财政收入相对于全国平均水平的比较等。

（2）差异系数。也称变差系数、离散系数、变异系数，用 V 表示。它是一组数据的标准差与其均值之比，是测算数据离散程度的相对指标。差异系数通常用标准差计算，因此，差异系数也被称为标准差系数。其计算公式为：

$$\mathrm{var}\,(x) - \sqrt{\frac{n\sum x^2 - (\sum x)^2}{n(n-1)}} / \bar{x}。$$

（3）基尼系数。基尼系数是由意大利统计学家 C. 基尼在 1912 年首次提出的根据劳伦茨曲线所定义的范围判断收入分配公平程度的指标，比例数值在 0 和 1 之间，是国际上用来综合考察居民内部收入分配差异状况的一个重要分析指标。在大样本的情况下，有时基尼系数被用来分析地区间人均指标的差距。

（4）泰尔指数。泰尔指数（Theil index）也称泰尔熵标准（Theil's entropy measure），主要用于衡量个人之间或者地区间收入的不平等程度。泰尔熵指数和基尼系数各具特色，具有一定的互补性。基尼系数对中等收入水平的变化特别敏感，而泰尔熵指数可以衡量组内差距和组间差距对总差距的贡献程度。其中，泰尔熵 L 和 V 指数对低收入水平的变化敏感，而泰尔熵指数对高收入水平的变化敏感。

1.5　主要内容

本书以我国地区间财力差距问题为基本线索，共分为 8 章，具体内容如下。

第 1 章：导论。作为研究的逻辑起点，回答为什么要研究地区间财力差距问题，促进区域均衡发展的现实意义何在？主要阐述地区间财力差距的内涵和范围，研究地区差距的思路、对象和方法。地区差距是个复杂的多面体，需要从多个维度去考察，既可以比较经济指标、社会指标、财政指标，也可以比较当年的收支增量和财富存量；既可以是单一指标，也可以是综合指标；既可以比较绝对额，也可以是相对数。不同的分析结果，为我们准确判断和采取有效措施提供了较为科学的依据。

第2章：区域发展理论概述和国内外经验借鉴。区域经济学是经济学的一个分支，主要侧重研究各地理区域的特点，目的是提高区域经济的效率，并促进各区域协调发展。其中，区域经济增长理论、梯度推移理论等都是空间均衡论的代表，即通过市场机制能够使区域间的收入均等化。缪尔达尔和赫希曼提出的累积因果论认为市场机制倾向于扩大差距，而不是缩小地区差距，只有加强政府干预，扶持落后地区发展，才能实现缩小地区差距的目标。

地区间经济发展不平衡是当今世界各国的普遍难题，成熟市场经济国家在经济高速增长时期也都曾遇到过地区经济发展差距过大的问题。英国、苏联、印度尼西亚等国的经验和教训表明，地区间差距和民族问题、资源问题等交织在一起，是威胁一国政权稳定的重大隐患。尽管国情不同，但上述国家在促进区域均衡发展、实施宏观调控政策，特别是财政均等化制度设计方面都取得了一些成熟经验，值得我们借鉴。

第3章：中国区域发展的历史演变。本章力图通过梳理我国区域发展的历史脉络，阐明我国区域经济发展不平衡由来已久，而且有着深刻的历史和政治根源。历史上，地区和民族间经济社会发展水平差距大的时期，往往是战争和社会动荡频发时期；太平盛世时期，老百姓丰衣足食，各民族融合共处，地区间差距较小。用历史的、辩证的观点，追根溯源，有利于我们正确认识我国当前地区差距形成的历史背景，以史为鉴。

第4章：中国地区财力差距现状。本章主要对2000~2010年我国各地区人均GDP、人均财政收入、人均财政支出和基本公共服务水平等主要反映地区发展差距指标的变动趋势进行分析，以期准确判断我国地区间财力差距变化的现实情况，为今后更好地制定区域均衡政策提供参考。

第5章：促进区域均衡发展的现实意义。经济发展是社会发展的物质基础，社会发展是经济发展的最终目标。欠发达地区大都存在经济基础薄弱、社会发展滞后、生态环境脆弱、少数民族聚集等在空间上重叠的状况，更增加了解决上述问题的艰巨性和复杂性。要实现我国经济社会可持续发展和国家的长治久安，经济效益、社会效益、生态效益、民族多元化四者之间需统筹规划、综合平衡，不能厚此薄彼、简单的经济第一，而将社会效益、生态效益和民族问题放在后位。

第6章：缩小地区差距的战略和趋势分析。为更好地制定今后我国区域发展的战略，首先要对未来地区间经济发展趋势做出较为准确的判断。在未来的区域经济发展中，机遇和挑战并存。导致地区贫富差距扩大的主要因素，如经济基础、区位和人文环境等要素条件将继续存在，同时，抑制差距扩大的有利因素也在形成。"十三五"时期以及今后较长一段时期，要实现缩小地区差距的目标，还有一些观念和制度上的制约因素不容忽视，必须采取综合措施，整体推进。

第 7 章：缩小地区财力差距的突破口：财政体制改革预案。本章以深化财政体制改革为突破口，描绘了今后一段时期我国财政体制改革的路线，即政府通过继续深化财税体制改革，确保中央宏观调控能力，调整现有支出结构，完善转移支付制度，促进公共服务均等化，保障社会和谐和稳定。

第 8 章：基本公共服务均等化。区域发展的目标是"人"，而不是"物"；不是简单地缩小地区之间经济总量的差距，而是缩小基本公共服务水平的差距。因此，基本公共服务均等化应是我国区域均衡发展的最终目标。"十三五"时期，我国建立健全公共服务制度体系，实现基本公共服务均等化的时机已经成熟，但只能按照低水平、广覆盖的原则，有序推进，既不可操之过急，又不能知难而退。

1.6　创新和不足

本书的创新之处在于：一是综合运用区域经济学和政府间财政关系理论，借鉴世界主要国家在促进区域协调发展中的经验，通过产业布局、社会迁移、投资、税收、财政体制和转移支付等多种手段，破解地区间财力差距过大的迷局，避免就财政论财政的狭隘，为解决地区间差距过大的问题开拓了更宽的视野。二是首次提出促进区域协调发展不是简单地缩小各地区经济总量之间的差距，而是解决人口、经济、资源环境之间的空间失衡。其中，人是核心因素。根据各地区综合承载力，通过采取综合措施，形成各地区经济、社会、环境和人口的合理布局，保证各地区基本公共服务均等化，有利于促进经济社会可持续发展。三是充分运用因子分析法、基尼系数、泰尔指数等计量手段，对各地经济、财政、公共服务水平进行评价，并对未来趋势进行判断。四是全面设计了下一步我国财政体制改革路线，着重通过财政体制调整和转移支付手段，建立健全公共服务体系，促进基本公共服务均等化。

由于时间和精力所限，本书并未对我国省以下各行政单元的地区间差距作深入研究，政策建议也略显不够具体。今后必将结合实际，将这一课题继续深入研究下去，希冀会对政府决策和实际工作提供有价值的参考。

1.7 本书技术路线图

本书技术路线如图1-1所示。

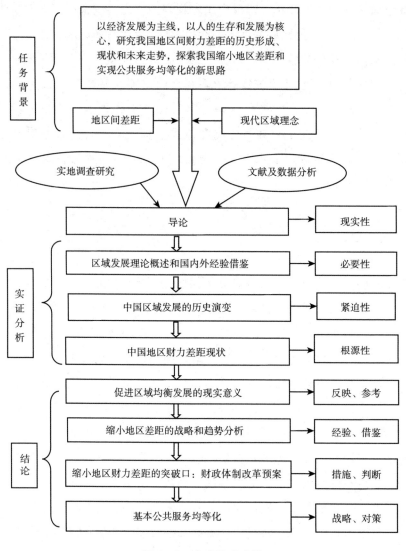

图1-1　本书技术路线

第 2 章

区域发展理论概述和国内外经验借鉴

古今中外，任何一个国家都会关注国内各区域的经济和社会发展均衡问题，即使是城市国家，也因经济或人口的聚集而存在着地区差距之分。在农业社会，区域经济繁荣与否，主要与地域和人口有关，并阶段性地受政治和战争等外界因素影响。按照一般规律，流域两岸、水土肥美的地方农业比较发达，人口自然向这些区域聚集。手工艺、商业集中在城市和口岸等地区。工业社会时代，经济一般在交通较为方便的城市聚集。由于区域经济发展不均衡，社会矛盾凸现，各国政府纷纷采取措施应对，区域经济学理论应运而生，而且随着区域差距问题逐步加重，区域经济理论和实践也不断创新。

2.1 国外理论研究

从区域政策研究来看，发达国家区域政策的对象主要是三类地区：第一类是经济基础较差的待开发和落后地区、少数民族地区。如果地区经济落后和民族问题重叠，所涉人群会认为自己受到了不公平待遇，会强化少数民族对统一国家的疏离感。第二类是所谓的"问题地区"，这主要包括经济转型、资源枯竭地区。20 世纪 20 年代至 60 年代，许多西方国家，如英国、德国、美国、日本等不少老工业化地区危机普遍加深，一些产业部门产量下降，就业岗位减少，国民收入下降，供大于求，失业增加，人口外流，造成了一些萧条区域或衰退区域。第三类是过度开发地区，如日本的沿太平洋地带。

2.1.1 区域经济学的兴起

区域经济学是经济学的一个分支，主要侧重各地理区域的特点，研究目的是提高区域经济的效率，并促进各区域协调发展。

1. 区域经济学的前身

区位理论是区域经济学的核心基础理论。19 世纪初，德国经济学家屠能（Thünen，1826）就在其名著《孤立国》中提出农业区位理论。屠能从区域地租出发，研究因地价不同而引起的农业分带现象，创立了农业区位理论。20 世纪初，德国经济学家韦伯（Weber，1909）提出了工业区位论。德国地理学家克里斯塔勒（Christaller，1933）根据村落和市场区位，提出中心地理论。德国经济学家勒施（Losch，1940）将中心地理论发展为产业的市场区位论。这些区位理论都采用新古典经济学的静态局部均衡分析方法，以完全竞争市场结构下的价格理论为工具来研究单个厂商的最优区位决策，因而又称作古典区位论。此后，瑞典著名经济学家俄林（Ohlin）把地域分工、国际贸易场地区位加以综合分析，从而形成贸易区位论。

2. "大危机"下区域理论的发展

20 世纪 20 年代，在率先实现了工业化的西方国家内部，开始出现了老工业区的结构性衰退现象，如英国的北英格兰、北爱尔兰、威尔士和苏格兰地区，德国的鲁尔工业区，美国的新英格兰地区几乎同时陷入结构性危机。30 年代又爆发了资本主义经济大危机，使这些萧条地区和贫困地区经济状况更加恶化，导致区际间经济的两极分化，凯恩斯（Cairnes）的政府干预政策应运而生。虽然凯恩斯的理论并不是针对某一区域经济问题，然而他所提出的政府对经济活动的调节和干预的思想，对当时各国政府采取有效的区域经济政策影响很大。西方经济学家根据凯恩斯的理论，运用宏观经济学方法来研究区域问题，并采取实际措施帮助落后地区发展经济，缓和两极分化带来的痛苦与灾难。

例如，1936 年英国成立了巴洛委员会，设法遏制产业和工人过度向以伦敦为中心的英格兰东南部地区集中，并通过建立工业开发区、税收优惠等手段促使产业向北英格兰、北爱尔兰、威尔士、苏格兰等萧条地区分散。1941 年美国开始开发以农业为主的田纳西河流域，这一流域因河流泛滥导致棉花受灾，百姓异常贫困，联邦政府通过以水土整治为中心的多目标开发，开创了一个国家中央政府直接干预区域经济发展比较成功的先例，此后被许多国家在解决区域发展矛盾时所借鉴。

2.1.2　现代区位理论的发展

自 20 世纪 50 年代以来，现代区位理论迅速发展，并为区域经济学奠定了基础。现代区位理论改变了传统的观察问题和分析问题的角度和方式，吸取凯恩斯经济理论、地理学和经济地理学"计量革命"所产生的新思想，以国家或区域范围为对象进行宏观、动态和综合的分析研究，形成了资本—市场学派、行为学派、社会学派、历史学派、计量学派等观点。现代区位理论主要研究区域内资本积累、产业升级、经济结构调整，以及如何支持经济萧条地区和欠发达地区发展，引导生产要素向外扩散等问题；试图解决中心城市的过度集中、造成环境污染等问题。上述研究广泛吸收社会学、地理学、生态学、人口学等学科的研究成果，逐步形成了新的学科——区域经济学。

1. 累积因果论

第二次世界大战后的十余年间，是资本主义经济迅速发展的时期。当时人们认为，一个国家在经济快速增长期可以通过市场机制促进资本和劳动力在地区间流动，自发调节区域发展不均衡的问题。为此，各国都把大量的人力、财力、物力和优惠政策集中到经济基础好、技术成熟、交通便利的地区，以实现更高的增长速度。上述措施虽然促使发达地区经济快速增长，但拉大了与欠发达地区之间的差距。面对这种情况，1957 年缪尔达尔提出了累积因果论，即单纯靠经济增长无法消除地区间差距，市场机制倾向于扩大差距，而且一旦差距出现，发达地区凭借累积的竞争优势，经济增长更快；落后地区累积的劣势难以扭转，利益输出更多，处境日益恶化。也就是说，在政府不干预的情况下，一些地区通过市场机制得到的繁荣是以另一些地区的贫困为代价换来的，二者类似"零和"游戏。

1958 年赫希曼也提出了类似观点。他认为，在市场机制下，极化效应对地区经济发展起主导作用。当核心区域经济发展到一定水平后，会通过涓滴效应带动周围地区经济发展，但周边地区廉价的劳动力与资本又迅速流入核心区，加快了核心区的发展速度，又扩大了地区差距。因此，大国经济发展中，地区间经济增长不均衡难以避免，要缩小地区差距，只能采取政府加强干预的措施。

1956 年伊萨德（Isard）出版的《区位与空间经济学》（*Location and Space-*

Economy），标志着区域经济学已经成为一门独立学科。区域经济学是研究区位选址、区域经济发展和区域关系的一门科学，主要研究经济活动的空间分布、组织、协调，以及与此相关的区域创新与区域政策等。

国际经验证明，在一国工业经济发展初期，那些最具市场准入条件，人口密度大、交通便捷的地区总是率先发展，而内陆地区发展缓慢、远远落后。只有在发展的晚期阶段，随着地区间生活水平的缓慢趋同，落后地区才能分享到更多的发展成果。

2. 块状经济的"黑洞"特征

黑洞是指吸引力无比强大的天体。在区域经济学中，如果某一区域经济发展水平很高，那么不管该地区成本如何变化，现代部门都集中在该区域，而其他区域拥有很少的现代部门，这是一种长期稳定的均衡。如果某一区域的经济已经具有这种"黑洞"特征，是很难在短期内改变的。例如，我国北京周围的贫困带现象明显，河北沿首都经济圈发展长期滞后，与北京形成强烈反差。此外，实施西部开发战略以来，国家对西部地区的投资迅速增加，然而这些资金中大部分通过购置机器设备和技术引进的形式又回到东部，西部地区的状况并没有发生根本性变化。上述地区间差距拉大，其主要原因就是这种块状经济的"黑洞"特征。

3. 政府干预

率先实现工业化国家的发展历史表明，单纯依靠"看不见的手"是很难实现区域间均衡发展的，要有"看得见的手"的干预。大多数发展国家都是通过政府干预来刺激欠发达地区的经济发展，或运用其他经济手段来缩小地区之间的发展差异的。没有强有力的政策手段，区域问题很难自行得到解决。

一般来说，在经济发展方面存在严重障碍的地区，无论面积大小，其人口规模不大，占所在国总人口的比重并不高。例如，美国的印第安人保护地和澳大利亚土著人保护地、日本北海道等。因此，即使一部分地区的经济发展严重滞后，对整个国民经济发展并不会产生太大的不利影响。但是，从社会角度来看，一部分地区经济发展的严重滞后，将带来一系列难以解决的社会问题：一是人口大量外流。例如，英国的苏格兰高地、法国的布列塔尼半岛和诺曼底半岛、日本的北海道等都是如此。二是财政收入来源十分匮乏，地方政府难以行使有效职能。三是对于一些多民族国家来说，经济社会发展滞后的地区，往往少数民族比重较高，如果这些地区的经济发展长期处于落后状态，极易引起严重的民族矛盾，直至影响整个国家的统一和领土安全。

4. 制度因素的影响

制度是一种非物质性的区位因素。20 世纪 90 年代，区域研究学者从制度学派吸收了许多观点和方法，将制度作为区域发展和创新的重要因素，并试图解释制度与区域发展的关系。区域研究学者重新探讨了区位因素的内容及其对区域发展的不同作用，认识到包括制度在内的非物质、非贸易因素对区域发展所具有的重要意义。一些学者提出了制度空间的概念，强调不同区域有不同制度空间，即区域制度条件。制度环境是区域环境的重要组成部分，这种非实体性、非物质性的空间因素，在很大程度上影响了区域发展的程度、方式和方向，是区域发展所依托的重要基础。

英国杜伦大学的阿什·阿明（Ash Amin）和布里斯托大学的奈杰尔·思里夫特（Nigel Thrift）等学者提出用"制度厚度"（institutional thickness）来衡量区域内支持创新制度的质量和结构，并认为制度厚度与创新支持力度成正比。制度厚度，可指区域内的制度是否完备、是否有效率、是否对区域发展有强大的支持力等。还有学者将制度作为区域"粘性"的成分，区域内的制度条件越有利于创新和发展，区域的粘性越大，区域对外部资源就越具有吸引力，区域整合各种资源的能力也越强。

2.1.3　区域经济增长理论的形成

经济增长与地区间差距的变化密切相关。传统的区域经济增长理论分为区域经济均衡增长理论和区域经济非均衡增长理论两类。美国经济学家罗森斯坦·罗丹（Rosenstein Rodan）提出了推进理论，主张发展中国家在投资上要以一定的速度和规模持续支持落后地区各产业，从而冲破其发展的"瓶颈"。纳克斯（Nurkse）提出的贫困恶性循环论认为，各地区均衡增长可以摆脱贫困恶性循环，均衡增长可以扩大市场容量、增强投资吸引力，防止经济增长中的"马太效应"。

在新古典经济学的基本假定下，研究区域经济增长问题的主要成果是美国经济学家索罗 - 斯旺（Solow-Swan）的增长模型，即在生产要素自由流动与开放区域经济的假设下，随着区域经济增长，各国不同区域之间的差距会缩小，区域增长在地域空间上趋同，呈收敛之势。美国经济学家威廉姆森（William-son，1956）在要素具有完全的流动的假设下，提出区域收入水平随着经济增长最终可以趋同的假说。

1955年美国著名经济学家库兹涅茨（Kuznets）经过对18个国家横截面资料的研究，得出区域发展的倒"U"型曲线。也就是说，在工业化过程中，由于各地区的区位优势不一，资源禀赋不同，经济基础迥异，各种生产要素必然向利润率较高的地区聚集和转移，致使地区间经济发展水平差距扩大。当发达地区的工业化程度和经济发展水平达到一定程度后，其生产要素价格和劳动力成本必将上涨，导致企业平均利润率下降。由于其涓滴效应和扩散效应，欠发达地区的生产要素成本低的优势会逐步显现出来，加之政府的引导，生产要素会向欠发达地区转移，经济增幅逐步提高，地区间经济和社会发展差距呈缩小之势。20世纪80年代后，区域经济增长理论有了很大进展，主要表现在新经济增长理论、产业集聚理论和区域创新体系等方面。上述理论实际上都是空间均衡论，即市场价格机制能够使区域间的收入均等化。

但实际情况是，发展中国家与发达国家的差距在日益扩大，发达国家内部也存在着发达区域与欠发达区域之间的两极分化。这种差距拉大和两极分化表明区域经济增长并不像新古典经济学家设想的那样收敛。

2.1.4 梯度推移理论的应用

20世纪60年代，美国学者提出梯度转移理论，该理论源于弗农（Vernon）提出的工业产品生命周期论，后被引入区域经济学，形成了区域经济梯度推移论，广泛应用于区域间产业转移的实践当中。梯度推移论主要是倡导发达地区利用自身条件率先发展，然后通过生产要素和产业集群向欠发达地区推移，从而带动欠发达地区经济全方位发展。

日本学者小岛清提出的雁行模式与梯度转移理论类似，通过"二战"后日本、"亚洲四小龙"、东盟和中国等国家和地区的发展轨迹，他将各地区列为不同的发展梯度，称为第一批、第二批、第三批、第四批雁行发展模式。雁行模式理论中，有关产业布局按照比较优势在国际间转移的论证，与弗农的产品生命周期学说有很多相似之处。

在区域发展和生产力布局中，梯度推移论将经济效率放在第一位，主要强调效率优先，在实践中被欠发达国家在实行经济赶超战略时广泛采用。首先，梯度推移论遵循经济发展的一般规律，有利于提高经济发展效率，创造更多财富。其次，梯度推移论从客观实际出发，承认区域间不平衡的现实，鼓励条件好的地区加快发展，并通过产业和要素从高梯度到低梯度的转移，带动条件差的地方发展，这是区域经济发展的普遍规律。最后，梯度推移论适应性较强。各国不同地区的客观条件和经济发展水平都存在一定的差别，特别是欠发达地区，客观条件和经济发展水平往往处于梯度下游，按照梯度推移理论依次阶梯式发展，实践中取得了较好的效果。

梯度推移论实质上是一种非均衡发展理论。1978 年以来，我国理论界思想空前活跃，政府决策者在总结以往区域经济发展的经验和教训的基础上，反思了以往片面强调均衡发展、忽视经济效率的得失，开始把效益原则和效率目标放在区域经济布局和实施区域发展政策的优先地位。在我国生产力布局和区域经济研究中，梯度推移理论受到了广泛重视，并在改革进程中产生了实质性的影响，发挥了重要作用。

2.1.5　经济地理学的创新

20 世纪 90 年代，在经济全球化和信息化迅猛发展的背景下，区域理论研究进入一个新的发展时期，产生了经济地理学。

1. 新经济地理学

新经济地理学的主要代表人物是克鲁格曼（Krugman）、藤田（Fujita）、沃纳伯尔斯（Venables）、莫瑞（Mori）、瓦尔兹（Walz）、马丁（Martin）等。克鲁格曼试图通过建立一个不完全竞争市场结构下的模型，把区域经济理论研究纳入主流经济学体系，使区域经济具有了新的理论视野。新经济地理学引入地理区位等因素，以传统的收益递增理论为基础，根据一般均衡理论，对某一地域空间布局、产业结构、经济增长和规模效应之间的关联性做出分析，提出了新经济地理学理论。

（1）区域发展是一个循环累积性和自我增强的过程。由于外在环境的限制，产业集聚的空间格局可以是多样性的，特殊的历史事件会在产业区形成的过程中产生巨大的影响力。也就是说，现实中产业区的形成具有"路径依赖性"（path-dependence），而且产业空间集聚一旦建立起来，就倾向于延续下去。

（2）工业活动倾向于空间集聚。通过数学模型分析，克鲁格曼证明了工业生产活动倾向于空间集聚的一般规律，从而形成中心—外围结构的经济模式。此外，在融合传统经济地理学理论的基础上，他综合考虑向心力、离心力和收益递增等规律的影响，通过垄断竞争模型证明，形成工业区域集聚的要素主要是运输成本、制造业规模大和比例高等。

（3）推动区域经济发展的动力机制既有集聚力（或称向心力），即促进企业集中化生产的力量；也包括发散力（或离心力），促进企业分散税收负担。集聚力和发散力不仅存在于一个国家内部地区之间，而且也存在于国家之间。按照新经济地理学的观点，一个地区产业结构的形成和演变，在一定程度上取决于这两种力量之间的平衡关系。

2. 重塑世界经济地理

《2009 年世界发展报告》认为，某些地方发展势头良好主要是因为遵循了经济地理的三大特征：一是密度。经济地理中的"密集程度"，是通过每一单位土地的产出或收入水平来衡量的经济贡献度。这是城市化的一个重要特征，在历史上，密度提高和经济发展之间存在着很强的正相关性。二是距离。两个地点之间货物和生产投入流动的难易程度，主要受质量、速度、运距等因素影响。由于企业和劳动力有向密集区迁移的趋势，因此，接近市场的地方更具有优势。当然，改善交通和通信基础设施也至关重要。三是分割。是指国家或地区的行政和经济边界分割，以及限制货物、人员、服务等流动的消极影响。团结意味着成功，分割意味着失败。因此，行政区域划分需要考虑经济因素，不合理的区域划分不利于经济发展。

此外，纵观世界各国，人口不能流动的国家不会有繁荣，人口的流动能力似乎是对其经济潜力的一个计量，而且愿意迁移也是对其发展愿望的一个衡量。大部分国家的城市化都发生在该国人均国民收入达到 5000 美元之前。2006 年，3 亿美国居民中，大约有 3500 万人口更换居所，其中 800 万人是跨州迁居。东京是世界第一大城市，人口 3500 万人，即 1/4 日本人口拥挤在这块不足日本国土总面积4%的土地上。政府应投资于人还是投资于地方，是一个选择。总体看，在经济发达地区应强调投资于地方，有利于促进国家经济持续增长；在落后地区应强调对人力资本的投资，能够促进人口流动和摆脱贫困。

《2009 年世界发展报告》指出，经济增长是不平衡的，在空间上均衡分配经济活动的意图只会阻碍经济增长。尽管如此，包容性发展仍然可以实现，因为即使财富不断向少数地区集中，但由于政府的再分配和公共服务体系健全，那些远离经济机会的人口也可以从中受益。实现不平衡增长和包容性发展并行的办法，是现代经济社会发展的必然选择。

2.1.6　公共服务均等化

公共服务均等化是促进区域协调发展的政策手段，也是福利经济学、公共经济学研究的重要组成部分，有着较强的理论基础和政治意义。

20 世纪 20 年代，英国经济学家庇古（Pigou）开创了福利经济学的完整体系。为实现福利最大化的目标，庇古考虑到两个问题：一是个人实际收入的增加会使其满足程度增大；二是转移富人的货币收入给穷人会使社会总体满足程度增大。据此，他提出了两个基本命题：国民收入总量越大，社会经济福利就越大；国民收入分配越是均等化，社会经济福利也就越大。庇古的这项贡献对公共服务均等化起到了基础性的影响。

由于政府财政收入是国民收入的组成部分，政府财政收入占 GDP 的比重越高，提供的社会福利越多。政府通过实现公共服务均等化，不仅能够增进贫困人口的福利，而且能够促进社会福利最大化。国际经验表明，在财政收入占 GDP 比重较高、财政再分配能力强的国家（地区），公民之间收入分配差距比较小。例如，根据国际货币基金组织数据库数据，美国、法国、瑞典的政府收入占 GDP 比重依次递增，分别为 34%、50%、56%，但反映收入差距的基尼系数则依次递减，分别为 0.41、0.33、0.25。韩国和日本等已进入高收入行列的东亚国家，在其快速增长阶段不平等程度（按收入最低的 40% 人口占总收入的比重来衡量）较低，而且呈下降趋势；而那些未能进入高收入行列的国家则经历了不平等上升（如马来西亚）。

公共服务均等化不是单纯的经济问题，更是一个国家政治、经济、文化在不同地区适应性、契合性理念和运用中的集中表现。规范的公共经济学认为，实现区域公平有三个条件：一是政府必须有慈悲之心，体现社会公正；二是中央政府是单一意志决定的主体，不能听命于其他利益和地方集团；三是中央政府能够有制定政策的权威，既包括经济实力，也包括政治影响力。

从政治经济学的立场看，如果地区之间和居民之间贫富差距过大，必然会引起一系列社会矛盾和阶级冲突。政府提供公共服务均等化，通过再分配手段实现社会公平、机会均等，可谓社会和谐和国家统一的"稳定器"。

2.2 国内理论研究

2.2.1 生产力布局理论

受苏联等国家经济理论的影响，改革开放前，我国经济学界主要侧重对生产力布局的研究，地理学侧重对产业布局的研究。二者有共通之处。生产力布局学，就是要从各种千差万别的生产力分布中总结出生产力发展变化的规律。生产力布局理论认为，任何生产都要落实到特定的空间，生产力的分布状况对生产有着重要的影响。具体主要包括以下三个方面：一是在特定时期内，国家投资总额在各地区间的分配，以及重大基础设施和工业项目在各地区的布局情况；二是各生产部门和生产要素在各地区的组合情况；三是确定各区域之间、各经济中心、城乡之间的分工协作和发展比例关系。

生产力布局理论认为，随着经济规模的迅速增长和地域分工不断细化，生产自发地向高利润地区集中，同时利润较高的产业得到优先发展，而利润低的地区和产业发展缓慢，这种资本运动导致现代化产业和人口盲目向大城市集中，而发达地区的兴起伴随着另一些地区特别是广大农村发展的停滞和衰落，这是资本主义所特有的生产力布局规律。即使高度工业化的国家，地区间发展也不均衡，发达地区、欠发达地区和衰退地区并存。而有计划的社会主义体制可以解决上述问题，具体可以采取以下措施：有计划地在全国范围内均衡布局生产力，使工业尽可能接近原材料、燃料地和消费地；地区专业化和"小而全"的综合发展模式相结合。

"三五"时期和"四五"时期我国工业布局向内地迁移，既有军事需要，也深受上述理论影响。

2.2.2 区域经济研究兴起

改革开放后，我国区域经济研究打破了传统生产力布局理论的樊篱，从国土规划、区域发展战略和地区产业政策等多种角度开展区域理论研究。但直至近些年，随着我国区域发展不平衡程度加剧，区域经济学才单独作为一门学科进行系统研究。区域经济学是从空间角度研究经济问题，这是与其他经济学科的最大区别。郝寿义和安虎森主编的《区域经济学》中的研究表明，区域一旦形成，就是有生命的，区域经济发展有其规律可循。区域发展是不断累积循环的过程，在经济转轨时期，经济发展速度就会放缓或者降速。对于大国经济来说，区域间经济发展不平衡是难以回避的现实，政府干预手段是各国缩小区域差距的主要措施，没有强有力的政策支撑，区域发展不均衡问题是很难自行得到解决的。

刘东勋、宁丙涛、耿明斋著的《新区域经济学论纲》，以市场经济学理论、比较优势理论、分工和专业化理论、转型经济理论为基础，从制度性演进和社会发展的角度，为包括中国在内的传统农业国家或地区实现跨越式发展，缩小与发达地区的差距提供了新的指导和建议。书中指出，在支持欠发达地区转轨和发展的过程中，制度建设对经济增长和社会公正至关重要，特别是保护私有产权的法律制度和限制政府的公共预算制度是欠发达地区实现赶超的前提条件。

2.2.3　地区差距的研究

针对我国地区间财力差距，20 世纪 90 年代以来很多学者曾做过深入研究。例如，1995 年胡鞍钢、王绍光等著的《中国地区差距报告》，对改革开放以来我国地区发展不平衡性、地区收入差距变化问题进行了深入研究。结论是：我国地区经济发展差距过大，缩小地区间财力差距是中央政府的当务之急；财政转移支付制度、基本公共服务均等化、公共投资重点向欠发达地区倾斜等分配制度，有利于促进欠发达地区快速发展，以缩小地区间贫富差距；解决欠发达地区的落后局面，不能简单地只使用"输血"的办法，还应通过有条件的财政补助和公共投资建立"造血"机制。同时，欠发达地区应当学会利用后发优势，通过转变观念、制度建设和投资开发等全面改革寻求跨越式发展。

1999 年佘国信、陈秋华等著的《地区间财力差异与调节》一书，从财政角度出发，对我国地区间财力差异问题进行了全面研究。书中指出，地区间财力差异不只是财政问题，如果地区间财力差距持续过大，就会使地区间的基础设施和公共服务水平差距过大，不利于全国统一市场的形成和国民经济的可持续发展。但如果过分追求财力均衡，也会出现"鞭打快牛"，从而影响经济效率。针对我国区域发展不平衡的事实，作者从缩小地区间经济发展差距入手，着力通过调整国民收入分配格局、深化财政管理体制改革、建立规范的转移支付制度、提高财政管理整体效率等多方面措施，对地区间财力差异进行调节。

2001 年在《地区与发展：西部开发新战略》一书中，胡鞍钢按照世界银行对于各国经济发展水平的分组标准，将 1999 年我国各省（自治区、直辖市）的人均 GDP 水平大致划分为四个组：高于上中等收入国家平均水平的上海和北京，称为中国的"第一世界"；高于下中等收入国家，但低于上中等收入国家的天津、广东、浙江、江苏、福建和辽宁，为"第二世界"；高于低收入国家平均水平，但低于下中等收入国家平均水平的河北以及东北和华北中部地区，为"第三世界"；低于低收入国家平均水平的中西部贫困地区、少数民族地区、农村地区、边远地区，为"第四世界"。一个国家内部的差距如此之大，不能不让人警醒。

2007 年王绍光著的《安邦之道——国家转型的目标与途径》一书对政府汲取资源的能力和公平两方面有着视角广阔和颇具深度的论述。首先，一个有效的政府必须具有良好的财政机制，能够从社会中集中丰富的资源，以实现国家目标。第二次世界大战后，随着大规模福利政策的推出，西方国家的政府支出占其 GDP 的比重已达 1/3 ~ 1/2，西方社会习惯了这种财政集中度。其次，较强的再分配能力是衡量一国政府有效性的新尺度。政府再分配制度对缩小个人和地区间的贫富差距、维护社会稳定具有极其重要的作用。国内外的经验充分证明，市场机制是不可能自发实现地区均衡的，只有政府适度集中财力，建立一套行之有效的再分配机制，才能实现国家的长治久安。地区差距实质上是资源分配问题，如果差距过大，容易引起政治冲突，破坏民族团结和国家统一。王绍光认为，效率和平等不是绝对对立的，缩小地区差距有利于提高经济总体效率。目前我国地区间不平等程度已经相当高，采取措施缩小地区间差距的时机已经成熟，这一目标应当成为今后政府工作的主要目标。

此外，近年来部分学者对公共服务均等化的研究还是比较多的，对本书的研究思路和方法有所启发，在此不再一一赘述。

2.3 OECD 国家的地区差距概述

总体来看，当前发达国家的地区差距相对较小，印度、俄罗斯、巴西等发展中国家的地区差距相对较大。但发达国家在经济快速发展过程中，也曾经历过区域经济发展不平衡和贫富差距扩大的问题，并逐步探索出了一些成功的经验，值得我们研究和借鉴。

各地区人均 GDP 的差距可以作为地区差距的代表。在历史上，经济合作与发展组织（OECD）成员国人均 GDP 的差距通常很大，在过去的十年里这种情况变化不大，尽管这一差距取决于对地方政府统计口径的确定。由基尼系数可以看出，瑞典、希腊和日本三国人均 GDP 的差距较小（基尼系数小于 0.1），土耳其、墨西哥和斯洛伐克人均 GDP 的差距相对较大（基尼系数大于 0.2）。2007 年 26 个 OECD 成员国的基尼系数平均为 0.15。更值得注意的是，地区差距有着一定的持续性。[①] 通过对 1980～2002 年各地区人均 GDP 变异系数的变化进行分析，可以看出，除了一些主要的欧洲国家以及德国 1990 年之后区域差距出现大幅上升之外，各国区域差距水平在整个时期都围绕一个特定的值上下波动（Blochliger et al.，2007），这表明许多国家在 20 多年内地区差距基本上没有变化。

地区差距与一国不同区域内提供公共物品的成本不同有直接关系。例如，地理位置、人口规模、人口变化趋势、福利状况和经济震荡后路径依赖的不同，都会导致一国不同地区公共服务提供成本的差异。影响公共服务成本的重要因素是地区规模和人口集中度。人口越多的地区越倾向于从规模经济和集聚经济中受益。一些公共服务（如医院、高速公路）只有在超过一定规模的情况下才可以有效地提供，人口稀少的地区提供这些公共服务要么成本很高，要么总量不够。如城市污水处理、教育网点设置等。事实上，OECD 国家的人口集中度较高。平均来说，OECD 国家中大约一半以上的人口主要居住在城市，尤其是新西兰为 85%、比利时为 83%、英国为 70%。[②] 相比较而言，有一些地区，比如爱尔兰、芬兰和瑞典，至少一半的人口主要居住在农村和边远地区

---

① 资料来源：各国的官方统计数据；OECD 统计数据库。
② 资料来源：OECD 统计数据库。

（OECD，2007），这导致了中心区和边远地区公共服务提供成本的显著差异。

地区间提供的公共服务成本还会因为人口特征的不同而不同。例如，在过去30年里所有的OECD国家老年人口都在增长。一个国家中老年人一般都集中在一些地区，所以这些地区不得不面临伴随着老龄化而出现的社会和经济挑战，比如医疗保障、经济适用房、便捷交通的提供等。同样地，如果地区间居民的就业和福利状况不同的话，支出需要也应该有所不同。例如，部分OECD国家内部各地区间的失业率水平相差非常大。基尼系数表明，2003年意大利是地区间失业率差距最大的国家（基尼系数为0.43），而新西兰是失业率差距最小的国家（基尼系数为0.09）。OECD国家的平均水平为0.19（OECD，2007）。

据英国《经济学人》报道，经对英国、美国、德国、中国、意大利等7个国家的调查，2010年英国最富和最穷地区的差距居首，其次是美国，中国地区间的贫富差距位居第三。由于没有考虑各地区规模的大小以及生活成本，采用各地人均GDP衡量区域不平衡的状况，人们往往不够信服。此次《经济学人》主要是采用了OECD最新定义的小区域来衡量，其中英国被分成了100个地区。但是，在计算过程中忽略了农村地区比大城市生活成本低的情况。如果计算在内，地区的贫富差距将更大。经比较，英国最富有地区人均GDP是英国国内平均值的5倍，和英国国内最穷的地方比较，差距将近10倍之多。美国最富有的哥伦比亚特区人均GDP与其最穷的密西西比州相比，差距也达5倍。意大利的区域差距最小，富裕地区人们的收入仍然是贫穷地区的3倍。报道指出，按购买力平价计算，中国的贫富差距也不低。

值得注意的是，20世纪80年代以来，美国、欧盟、日本等国家和地区，本已缩小的地区差距再次呈现扩大趋势。对此，一些学者提出了"倒U型+U型"的理论，认为地区差距经过一个从扩大到缩小的变化以后，还会再次扩大。

2.4　OECD国家采取的措施

欧洲国家协调区域发展的措施比较实用，尤其能与时俱进，解决经济社会发展中出现的新问题和新矛盾。

2.4.1　欧洲国家的主要做法

1. 区域政策得以落实主要依靠法律法规

早在 200 多年前，英国政府先后颁布了《特别区域法》《工业布局法》和《地方就业法》等一系列法律，目的是改善经济欠发达地区的经济发展环境，增强这些地区对生产力要素的吸引力。这些法律对英国经济的均衡布局产生了积极影响，取得了良好效果，从而使区域政策得以落实。1707 年，英国从政治和统一的角度考虑，开始实施现代意义上的财政转移支付制度；英国于 1886 年就出台了最早的财政均衡制度操作模式——英国的高森公式，公式中包含按人均水平进行税收分配的因素，体现了财政均等化的内涵。1980 年后，欧洲各国把注意力转向改善落后地区基础设施，采取对落后地区进行投资、给予财政贴息和投资补助的政策，鼓励它们更多和更长久地投资于落后地区基础设施建设。

德国政府历来重视各地区间均衡发展，通过颁布一系列法律来保证，先后颁布过《联邦基本法》《联邦空间布局法》《联邦改善区域经济结构共同任务法》《联邦财政平衡法》等。第二次世界大战后，德国实行了横向转移支付制度，均衡效果较为明显。1990 年德国统一后，颁布了"区域经济促进法"，东部地区 5 个州成为转移支付的主要受益地区。

2. 普遍实施生态补偿制度

欧洲各国在生态补偿中普遍采用"机会成本法"，也就是根据各项环境保护措施所导致的收益损失来确定补偿标准，再根据不同区域的环境条件等要素，制定出有区别的补偿政策。在生态补偿模式上，目前欧洲各国财政支出仍是生态的"最大的购买者"。例如，德国政府通过政府购买形式，保证生态资金及时到位、核算公平，其中包括由富裕地区直接向贫困地区转移支付、州与州之间横向转移支付等。法国的林业补偿基金中，政府财政支出也占了很大比重。瑞典的《森林法》规定，某一林地如果被宣布为国家自然保护区或被征用，该林地所有者有权要求国家对其经济损失给予补偿。

2.4.2　美国的主要做法

综观美国促进区域协调发展的各种措施，主要在以下三方面比较成功。

第一，在落后地区设立管理机构。加强对落后地区的管理，与立法相适应，1965 年美国颁布《阿巴拉契亚区域开发法》和管理机构，直接负责发展当地的公路、教育、卫生等基础设施，取得极大成功。

第二，政府直接采取扶持措施。美国联邦政府援助欠发达地区政策的指导思想，是培育受援地区自我发展的创造能力和持续发展的竞争能力，而不是让其长期依赖联邦和州政府援助。其核心是，政府的扶持是必要的，但关键是受援地区自身的发展，"授之以鱼，不如授之以渔"，否则，再多的援助也难以奏效。在具体做法上，美国政府主要抓了以下四件事：一是全国公路网，特别是高速公路网的建设。目前，美国已形成全国四通八达的公路网，公路的不断延伸使美国南北和东西差距逐步缩小。二是信息网络建设。由于广泛使用电子计算机，并相互连接形成网络，在信息的获取、处理、运用上地区之间几乎没有差距。三是环境保护。联邦政府制定了较为完整的环保法规，各受援地区经济发展的项目无论大小，都要向联邦政府有关部门特别说明对环境的影响，否则就要受到干预。四是基础教育。州政府每年财政支出的85%用于教育，联邦政府在教育方面的财政支出有相当大的部分用于欠发达地区。

第三，实施特殊的产业政策。为支持落后地区发展，美国政府因地制宜地确定产业政策，其中，利用军事拨款支持落后地区发展也是主要措施之一。根据美国南部和西部地区的自然资源和区位条件，联邦政府将航空工业、武器装备和电子产业布局在上述地区，拉动了上述地区经济腾飞。此外，联邦政府还出面兴办基础设施，建立经济开发区，利用财政政策鼓励私人企业投资于落后地区；针对不同地区经济发展水平，实行不同的税收政策，发达地区征税较多，把税收增量部分转移给欠发达地区，培养欠发达地区发展潜能。

2.4.3 日本的主要做法

日本国土面积较小，但经济发展也不平衡。开发较早的主要是以本州为中心的南部地区，而北海道等北部地区在100多年前还是少数民族居住的荒芜地区。明治维新以后，日本开始全面开发北海道，经过不懈的努力，如今的北海道已和本州岛的经济社会发展水平相差不多，为日本经济的持续、稳定、健康发展提供了资源和可利用空间。

第一，实施规范的转移支付制度。日本实行"集权分散型"的财政转移支付制度。集权是指中央政府在提供公共产品和公共服务方面具有绝对权威；分散是指地方政府用于公共产品和公共服务的支出占较大的比重。中央政府集中的税收，绝大部分通过转移支付分配给基层政府，目的是保证各地方政府都能向其居民提供一定标准的公共服务和公共产品。

第二，注重培育金融行业发展。日本政府在地区开发中，注重金融业先行，出台地区开发的金融政策，如发放贷款、支持落后地区发展金融业。此外，还成立专门的机构，负责向落后地区发放贷款，支持其发展金融业。1956年，日本政府专门设立金融公库支持北海道发展，此后扩展到东北地区。经过不断摸索，日本开发银行中单独成立地方开发局，负责统一向欠发达地区提供金融援助。

第三，适时调整区域发展政策。第二次世界大战结束后，为了迅速恢复国力，日本确定了外向型经济发展战略，充分利用区位优势，把沿海地区作为梯度发展的前沿。1980年前后，国民经济空间结构失衡问题日益显现，日本实行区域均衡发展战略，把解决经济"过疏""过密"地区的问题作为这一阶段政府的工作目标。

2.5　财政均等化国际经验

在过去十多年里，大部分 OECD 国家已经建立了财政均等化的方案，其目标是使地方政府能够为其居民以同等的税收负担提供同等的公共服务。财政均等化是一种明确的再分配计划，因此可能会与一些目标相冲突，比如提高地方支出效率或地方税收努力程度。财政均等化制度极具国家特色，而且往往是一国政治经济核心制度的组成部分，所以，进行任何比较分析时都必须非常谨慎。

2.5.1　财政均等化的目标和作用

财政均等化是指财政资源在不同区域之间进行转移的过程，目的是要消除收入获取能力和公共服务成本之间的差异。它的主要目标是使各个地方政府即使在收入存在差距的情况下，也能够为其居民提供大致均等的公共服务。财政均等化的目的，是消除因地方自治权的不同而导致的潜在不平衡，因而与财政分权制具有天然的一致性。20 世纪四五十年代，比较明显的财政均等化制度首先在一些联邦制国家出现，现在大部分 OECD 成员国都通过转移支付再分配来减轻地方的财政不平衡程度。财政均等化的突出特点不仅包括其在联邦制国家和单一制国家中的广泛使用，而且包括其目标和过程往往是在宪法中规定的，并形成全国财政政策的重要基础。

财政均等化的目标在于减少甚至消除净财政收益方面的差异，也就是说公共部门要为不同管辖区域内的居民提供家庭之外基本相同的财政利益。[①] 净财政收益是指居民从消费公共服务中得到的效用与为生产这些公共服务所支付的成本之间的差额，这些公共服务是指将不同偏好和税率考虑在内的标准化后的公共服务（参见本文使用的主要术语）。与个人之间再分配不同，财政均等化不涉及个人家庭收入之间的差异，而是指地理意义上可获得的公共服务之间的差异。尽管个人再分配和区域再分配这两种制度安排在某种程度上是相互作用的，例如，个人所得税的累进性或者社会救助计划都能够促进二者的相互作用，但是其目标并不完全相同，而且事实上各个国家都采取了迥异的个人和区域再分配模式。

从财政政策的角度考虑，财政均等化主要具有三个方面的作用：一是公平。财政均等化的目标是实现不同区域内居民的横向公平，也就是要保证在偏好既定的情况下，全国所有的人和所有的公司都能够在相同的税率水平上获得均等的公共服务。二是效率。财政均等化可以避免居民定居或者公司选址时主要考虑财政因素而非生产力因素而可能产生的非效率。另外，均等化也能减少劳动力的迁移，提高地方政府的经济和财政水平。三是稳定性。财政均等化可以保持宏观经济的稳定性，同时保证各地区可以应对自己无法单独应对的打击。另外，财政均等化也可能会加剧经济的周期性波动，危及财政稳定。

各国财政均等化制度旨在保证不同地区获得平等的公共服务。因此，可以很肯定地说，财政均等化的主要目的是公平，但必须考虑其对效率和财政稳定性的影响。

---

① 布坎南（1950）最先提出净财政收益的概念；鲍德威（Boadway, 2001）、加诺特和菲茨杰拉德（Garnaut and FitzGerald, 2005）对这一概念进行了进一步的解释。

> **主要术语介绍**
>
> - 收入筹集能力——一个地区筹集收入的潜在能力。
> - 支出需要——一个地区提供一系列公共服务的潜在成本。
> - 财政不平衡——区域间收入筹集能力或财力的差异。
> - 净财政收益——一个家庭从公共服务中获得的收益和为获得公共服务所付出的税收成本之间的差额。
> - 收入均等化——转移财政资源以减少区域间人均财力的差异。
> - 支出均等化——转移财政资源以减少区域间提供一系列公共服务的人均成本差异。
> - 横向均等化——同级政府之间财政资源的转移。
> - 纵向均等化——财政资源从中央政府到地方政府的转移。
> - 纵向财力不平衡——一个地区自身税收收入和自身支出之间的差额。
> - 财政缺口——收入筹集能力和支出需要之间的差额。

2.5.2　财政均等化的规模和制度设计

财政均等化的重要特征可以通过一些主要变量加以描述（Dafflon and Vaillancourt，2002）。如表 2 - 1 所示，平均来说，上述 OECD 国家财政均等化资金占 GDP 的 2.3%，占政府支出的 4.8%，对中央财政和地方财政都具有重要的影响，这一影响不亚于地方政府在医疗保障方面支出的影响。各个国家的财政均等化资金规模有着很大的不同，这说明地方政府收入自治程度和获得相同公共服务的政治权力是不同的。大部分国家都是同时实行收入和支出均等化计划，18 个国家中只有 3 个国家只实行支出均等化计划，只有 1 个国家只实行收入均等化计划。大部分国家中央对地方（或联邦对州）的均等化转移支付总量是固定的，即转移支付的总量要么由相关的制度决定（如固定比例的税收分成）；要么由中央政府事先的预算情况决定。一些国家将均等化转移支付和其他转移支付明确分开，而其他国家则采用二者相结合的复合性计划，这使定量和定性的统计出现了一定程度的扭曲。

表 2 -1   2004 年财政均等化的主要特征

国家		规模			转移支付的数目	支出和收入均等化	地方均等化	最终转移支付的比重（%）
		占 GDP 的比重（%）	占政府支出的比重（%）	人均水平（美元）				
联邦制国家	澳大利亚	0.5	1.4	110	1	组合使用	是	100
	奥地利	3.8	7.6	1227	15	分别使用	否	64
	加拿大	1.0	2.5	326	2	分别使用	是	84
	德国（2005）	2.0	4.2	569	13	分别使用	是	60
	意大利	3.0	6.3	849	5	分别使用	否	91
	墨西哥	3.7	—	384	8	只支出均等化	否	23
	西班牙	3.0	7.6	768	1	只支出均等化	否	100
	瑞士	3.0	8.2	1035	7	分别使用	是	56
单一制国家	丹麦	2.8	5.1	907	—	分别使用	否	—
	芬兰	3.8	7.4	1129	4	分别使用	否	100
	希腊	1.2	2.4	257	10	分别使用	否	100
	日本	4.0	11.0	1244	3	只支出均等化	否	100
	挪威	0.5	1.2	220	2	分别使用	否	100
	波兰	—	—	—	10	分别使用	否	
	葡萄牙	1.8	4.0	343	4	组合使用	否	100
	瑞典	2.6	4.6	813	4	分别使用	是	100
	土耳其	1.1	—	794	2	只收入均等化	否	0
	英国	—	—	530	1	分别使用	是	100
平均值		2.3	4.8	641	5			78

资料来源：2006 年春分发给 OECD 各个成员国的调查问卷。18 个国家向问卷提供了全部或部分数据，其他数据由出席 2006 年 6 月在西班牙 Zaragoza 举办的财政均等化方面会议的专家组提供。

    均等化转移支付比收入分享转移支付常见得多。它可以直接减少由于各个地方政府收入筹集能力或者支出需要的不同而产生的地区间财政差距。在理想状态下，可以对财政收入能力和支出需求做出准确的估计，同时地区之间的差距可以被均等化转移支付所消除。使用这种转移支付的国家有丹麦、日本、瑞典、英国、澳大利亚等。这种均等化转移支付可以是地方政府之间的（从富裕地区转移到贫困地区，像丹麦和瑞典），也可以是来自上级政府。通常来讲，均等化转移支付资金来源于一个"资源组合"，各地获得的转移支付的数量并不一定取决于自身的财力和需求，而仅仅是按照某个公式确定的。公式中包括的因素有人口、可以反映收入能力（如税基）和支出需求（如人口、公路里程、面积和学生数量等）的其他因素。用这种方法决定转移支付的国家有澳大利亚、加拿大、荷兰、葡萄牙和西班牙。在一些情况下，均等化的"资金池"可能不足以弥补财政缺口；但在另一些情况下，也可能大于收支缺口。例如，澳大利亚所有的地方政府都可以从均等化转移支付中获得基本或者最低的人均财力保障。在这种情况下，均等化转移支付制度很显然已经超越了单纯的均等化目标，它还包含消除财政差距的转移支付的一些要素。

2.5.3　财政均等化转移支付的分类

财政均等化转移支付可以分为横向转移支付和纵向转移支付，也可以分为收入均等化转移支付和支出均等化转移支付。

横向均等化和纵向均等化之间的区别为：横向均等化是指地方政府之间的转移支付；而纵向均等化是指中央政府对地方政府的均衡性转移支付。

收入均等化和支出均等化之间的区别为：收入均等化旨在减少各地区人均财力之间的差距；而支出均等化旨在减少一系列标准公共服务提供成本之间的差距。支出不均等又可以分为由于更多需要（如某项公共服务的人均支出需求水平较高）导致的不均等，以及由于更高的单位支出成本（如一个地区某项公共服务的提供成本较高）导致的不均等。

表 2-2 给出了 OECD 各国地方政府在均等化之前和之后收入筹集能力的对比情况。① 其中，一部分是联邦制国家或者提供各个地区数据的地区（以下简称"地区性国家"）的情况；另一部分是单一制国家的情况。联邦制国家、地区性国家的各个指标是以州、地区为标准计算的，包括各个管辖区域。单一制国家地方政府的数据由均等化之前财力水平位于前十名的地区的数据组成。表 2-2 中的两部分都给出了地方政府间财力的变异系数和基尼系数，以及均等化前后财力的最大值和最小值。由于计算财力指标时采用了不同的统计方法，联邦制国家、地区性国家和单一制国家的结果不具有可比性。

---

　　①　收入筹集能力在这里就作为财力的代表，这是因为大部分国家只提供了收入筹集能力方面的数据，而没有给出构成整个财力指标必不可少的成本差异指标的数据。

表 2 - 2   地区间财力差距及财政均等化对于缩小财力差距的效果

国　家		均等化之前（%）				均等化之后（%）				均等化效应	
		变异系数	基尼系数	财力最大值	财力最小值	变异系数	基尼系数	财力最大值	财力最小值	变异系数	基尼系数
联邦制国家	澳大利亚	16.8	5.0	103.8	79.8	0.0	0.0	100.0	100.0	16.8	5.0
	奥地利					4.2	2.0	106.9	93.2		
	加拿大	29.8	10.0	177.1	75.0	20.1	7.0	156.9	92.9	9.7	3.0
	德国（2005）	13.0	6.0	116.5	67.2	2.7	2.0	104.5	97.4	10.3	4.0
	意大利	39.0	21.0	146	24.0	6.0	10.0	115.0	89.0	33.0	11.0
	西班牙	26.5	15.0	142.2	67.2	10.1	4.0	117.4	83.7	16.4	11.0
	瑞士	31.8	15.0	173.0	46.0	23.2	11.0	159.0	64.0	8.7	4.0
单一制国家	丹麦	16.0	8.0	134.0	62.0	6.0	4.0	175.4	86.4	10.0	4.0
	芬兰	17.7	11.0	143.0	78.8	4.2	3.0	104.8	95.3	13.4	8.0
	日本	36.0	20.0	183.0	58.0						
	挪威	23.0	13.0	142.0	64.0	8.0	5.0	118.0	93.0	15.0	8.0
	葡萄牙	90.0	34.0	331.0	26.0	28.0	14.0	138.0	65.0	62.0	20.0
	瑞典	10.0	6.0	118.0	84.0	0.0	0.0	103.0	91.0	10.0	6.0
	土耳其	39.0	22.0	130.0	2.0	14.0	6.0	107.0	64.0	25.0	16.0
平均值		29.9	14.3	156.9	56.5	9.7	5.2	123.5	85.8	19.2	9.1

资料来源：各国的官方统计数据。

从表 2 - 2 可以看出，大部分国家均等化政策的效果是明显的。从均等化前后财力的变异系数来看，平均差距大约下降了 2/3，从 29% 下降到 10%；基尼系数也反映了类似的效果。[①] 一些国家，比如澳大利亚、德国和瑞典，收入筹集能力的差距实际上得到了消除。横向均等化政策在实现人均 GDP 均等化方面要比纵向均等化的政策使用的更为广泛一些（表 2 - 2 中没有显示）。均等化之后，财力差距明显低于由 GDP 所衡量的经济差距，可见，地区间公共服务的分配比经济财富的分配更为平等。

2.5.4　支出均等化会导致寻租行为

由于支出均等化制度设计通常是很复杂的，容易产生寻租行为和特殊利益

---

①　基尼系数是人口加权值而变异系数不是。较小的行政区，如果其收入筹集能力很高或者很低，它对变异系数的影响要大于对基尼系数的影响。

集团的压力。收入均等化给特殊利益留下的空间很小——必须选择税基。而支出均等化，需要决定均等化率，给错误和解释留下了较大的空间，如必须选择衡量成本差异的标准，建立权重并收集相关的数据。有证据表明，一些国家政治经济压力对于财政均等化方案和（或者）个人权利有着很大的影响。寻租行为也会对预算产生压力。如上所述，尽管地方支出需求之间的差距要大大小于收入差距，但是支出均等化与收入均等化的规模大致相同。而且，有着广泛指标的支出均等化可以减少寻租行为的发生。

有关补助和税收分成的政治经济学关注的是政治因素的作用，理论上说政治因素不应该影响一国均等化的政策，但事实上并非如此。下面将阐述这种作用的各种来源，以及限制不适当的政治经济压力的各种措施。

在美国，联邦政府和州政府政客之间的党派从属关系增加了联邦政府人均补助的数量，官僚机构和协会数量的多少也会提高人均补助额。在日本，党派从属关系和人均代表的数量也起着一定作用，人均代表多的县获得比人均代表少的县更高的人均补助（Meyer and Naka，1999）。克雷默（Kraemer，1997）分析表明墨西哥也具有类似的情况，1992 年转移支付的分配有利于那些在过去 1988 年总统大选中占绝对多数的党派以及依然忠诚于总统的州政府。在葡萄牙，大选之年转移支付会增加，市长在位的时间越长，该市获得的转移支付资金越多（Goncalves Veiga and Pinho，2005）。很显然，如果转移支付的数量不按规则决定的话，政治偏见的影响尤为严重。对于瑞典，约翰松（Johansson，2003）指出拥有很多摇摆不定的投票者的地区比其他地区获得更多的转移支付。索伦森（Sorensen，2003）也发现挪威地方政府转移支付之间持续存在的差距可以由区域政策或者公平目标来解释。默克（Merk，2006）强调了游说能力对于荷兰的影响，在荷兰，除了四个最大的城市外，会定期估量各地支出均等化的水平，这四个城市从来没有参与过评估。

各国已经采取了各种措施来限制不适当的特殊利益的影响。一些国家建立了代理机构和其他公平独立的实体来控制和引导转移支付的增加（如丹麦、澳大利亚）。独立机构给政治交易留下很少的空间；均等化资金的分配被定义为一种技术性的活动。为了在不同情况下都能做到公平，需要调整分配的模式。最近的研究表明，独立的机构跟政府部门相比受政治的影响要小（Khemani，2003）。一些国家实施两步预算过程，这样整个均等化资金的预算是在分配方案与地方政府商议之前确定的，这就能够成功地抑制寻租压力（如挪威）。通过组织均等化方案的调整过程也可以减小寻租压力。在许多国家，不仅考虑地方政府的意见，而且考虑公务员、政治家和专家的意见。最后，抑制寻租行为最有效的方法是建立一种简单、透明、通俗的，只包括那些反映一国主要财政差距的很少指标的均等化方案。

建立代理机构会产生机构设立原则的问题：机构可能有这样一种动机，就是使它的工作复杂化，这是为了保证它的存在并扩大它的工作范围。而且，这可能会增加交易成本。沙哈（Shah，2005）试图证实这个观点，他指出澳大利亚补助委员会有大量的工作人员，而且澳大利亚均等化体系需要大量的标准和数据来支持。然而，不同国家负责均等化的政府部门在人员数量方面似乎有着很大的不同，从1个（瑞典）到17个（韩国）不等。独立机构没有必要一定要比负责均等化的部门拥有更多的工作人员。

2.5.5 财政均等化可以超越经济周期

经济周期会给均等化资金的配置带来一些问题。当地方政府税收收入能力或支出需求变化时，对均等化政策，尤其是纵向均等化政策做出的快速调整会扩大周期性的波动并扰动整个财政政策的正常运行。[①] 在一些国家，均等化转移支付规模会根据地方政府财力的变化做出频繁、快速的调整，这种调整会扩大地方政府总收入的年度波动。有证据表明，纵向均等化会增加地方政府收入的易变性，而德国的横向均等化则能够起到自动稳定器的作用（Boadway and Hayashi，2002；von Hepp，2000）。经济周期和均等化转移支付规模的波动对于地方政府的行为存在着非对称效应：在经济高涨时期支出总额会上升，而在低迷时期均等化效果会提高（Rattso and Tovmo，1998）。

一些国家通过将均等化支出同滞后的财力指标联系起来，或者通过移动平均的方法，将均等化作为自动稳定器，因而避免了地方政府收入的易变性。在加拿大，数十年来均等化转移支付规模的波动都是联邦政府和省政府所关注的问题。2005年，对这个问题的关注大大超过了对整个均等化转移支付预算决

---

① "超经济周期"是从地方政府总收入的易变性在均等化之前比均等化之后更大这一意义上说的。

定过程和分配方案的关注。然而，滞后于经济周期的均等化可能给地方政府预算带来风险，尤其是当收入基础，如地方营业税易变性很强时（如芬兰）。因此，财政均等化中存在着要在稳定性和安全性目标之间进行某种权衡的问题：中央政府要对地方政府由于经济周期扩大的风险而带来的波动做出补偿，或者在破坏地方政府预算安全性的代价下将地方政府作为自动稳定器。

例如，在加拿大，人们正在关注平衡联邦政府财政稳定性和省级预算可预测性的有关研究。与大部分其他联邦国家不同的是，加拿大的收入均等化不是横向的而是纵向的，即均等化支出完全由联邦政府负责。哪些省份参与均等化，以及均等化标准的调整，现在是根据五个中等收入的省份设定的。在这五个省份平均值之下的省份可以获得均等化支付，超过平均值的省份不受均等化的影响。

自从 1957 年设立以来，均等化转移支付的规模波动幅度一直很大，使联邦政府和省政府的预算编制都变得比较困难。过去各省通过设定上限和下限来试图限制这种波动。2004 年，新方案中用三年移动平均的方法代替了设定上下限的方法来决定各省获得的转移支付。这种方法充分地限制了支出的波动，然而它并没有设定整个均等化预算的限度，因此，仍会对财政的稳定性产生一定威胁。

2004 年秋这一方案被一个新的资金分配方案代替。均等化分配的资金层级原来是内生决定的（或者说无上限的），而新的方案中总支付额是"固定的"（经批准提前安排或者支付额不变）。新的规则消除了预算的不确定性和联邦政府财政波动的风险，这是因为总的支付额，也就是各省享受的转移支付总额，在每个财政年度都提前做出了安排。通过提供的上限和下限它还能充分地减少，虽然没能消除各省均等化转移支付的年度波动，使省政府的预算编制更容易。2005～2006 年总的均等化资金安排为 109 亿美元，此后年度增长率为 3.5%。

2.6　有益的启示

上述对 OECD 国家和发展中国家缩小地区间差距的政策和采取的财政均等化措施的分析，可以给我们带来一些有益的启示。

1. 高度重视地区贫富差距问题

区域经济协调发展是一个大国能否成为强国的重要标志。世界各国高度重视地区差距问题，通过一部分地区、一部分人先富起来，先富带后富，这是各国促进区域协调发展的普遍做法。但富裕地区与落后地区发展水平不宜形成过大的落差，时间也不宜拖得太久。凡是在开发落后地区上决策及时、措施得力、成效显著的国家，都能保证国民经济和社会的持续、健康发展，在国际上取得领先地位。如果任由地区差距扩大，轻视对落后地区的发展和支持，错过了机遇，延误了发展时间，就会拖累整个国民经济和社会发展的进程，甚至丧失前期的发展成果。

2. 解决地区贫富差距问题不可能一蹴而就

缩小地区差距是一个漫长的过程，需要政策的连续性和持久性，为此美国花费了150年，日本用了130年。由于没能保持政策的连续性，苏联落后地区开发没有取得重大的成功。巴西也是如此，由于政府更迭频繁，对落后地区的开发工程虎头蛇尾，没有达到预期目标。同时，地区均衡发展不是一劳永逸的，即使在某一阶段达到均衡，也还会出现反弹，甚至差距更大，还需政府出台新的区域均衡政策。

3. 实施科学的区域协调发展规划

无论是我国还是巴西等国都曾经出现过大规模的开荒种田、兴修水库、砍伐森林，很多违背自然规律的掠夺性开发严重破坏了生态环境，例如，巴西亚马逊原始热带雨林生态破坏严重。西方发达国家在工业化过程中，也走了上百年的先污染、后治理的发展之路，莱茵河也曾遭受严重污染。只有尊重自然，保证人与自然和谐相处，实行科学的发展规划，才能实现区域协调发展。

4. 需要统筹安排全方位推动

区域协调发展是一个极其复杂的系统工程，国际上的经验和教训都表明，要实现上述目标，既要靠政府强有力的干预手段，又要靠企业的积极参与和民众的广泛支持。只有在全社会形成广泛共识的基础上，地区差距过大问题才会迎刃而解。

第 3 章

中国区域发展的历史演变

中国是一个幅员辽阔、人口众多、气候和自然条件迥异的大国，区域经济发展不平衡由来已久，而且有着深刻的历史和政治渊源。历史上地区和民族间差距大的时期，往往也是战争和社会动荡频发时期；太平盛世时期，老百姓丰衣足食，各民族融合共处，地区间差距较小。因此，要用历史的、辩证的观点，认识和处理我国地区差距问题。

3.1 古代区域经济发展

3.1.1 远古到东汉时期

正如西方经济学家亚当·斯密（Adam Smith）在 1776 年出版的《国富论》一书中所描述的：沿着海岸、沿着可通航的河流，各类工业自然而然地发展和调整，常常在很长一段时间之后，才会向该国的内陆地区延伸。这一论断同样适用于中国经济发展中的地理变迁过程。

黄河流域是我国农业开发最早的地区，农耕经济发达，同时也是人口主要聚集地。据《史记》记载，自远古以来陕西从西部沿渭河东至华山函谷关一带，就是当时中国的经济重心，那里有发达的农业生产。春秋战国时期，随着大型水利工程的兴建，关中地区成为全国经济最发达的地区，农业、手工业、冶铁业和煮盐业发达，商业日益兴盛。

秦汉时期，黄河、淮河流域是我国农业、手工业最为发达的地区，人口和城市分布密集。两汉时期，关中地区继续兴修水利，广泛使用先进的生产技术和生产工具，生产力水平较高。西汉时期，北方的手工业最为发达，长安和齐郡临淄（现山东淄博市）是全国丝织业的中心。而此时南方广大地区仍然十分落后，很多地区在农业上仍然是刀耕火种，生产力水平极低。

3.1.2 魏晋南北朝到隋唐时期

魏晋南北朝时期，由于北方长期战乱，北方人口大规模南迁。"据统计，自晋怀帝永嘉到南朝宋文帝元嘉100多年间，北方南迁人口即达90万。"[①] 北方人口的南迁，不仅为南方经济的发展带来了大量的劳动力，还带来了先进的生产技术，大大促进了长江以南地区的经济发展。这个时期，南方地区尤其是江南地区的农业、手工业发展迅速。荆州和扬州成为江南丝织品的重要产地，矿冶业有了长足发展，造纸、制瓷业已达到较高水平，南朝时造船业也较为发达。至此，我国经济重心开始南移。

隋唐时期，全国分裂割据局面结束后，北方农业生产得到一定恢复，但由于长久战乱造成的破坏，北方经济的发展相当有限。但以江南为代表的南方经济发展更为迅速，经济地位进一步提高。江南地区由于农具的改进、水利灌溉事业的迅速发展，为农业大发展奠定了基础。此外，南方地区的棉纺织业、矿冶业、造船业也发展较快。

为解决南粮北运的问题，隋文帝及继承者开凿了大运河，沟通南北商运和漕运。大运河开通后，运河沿岸城市得到了较大发展，位于水陆商路交会点的扬州十分繁荣。此外，东南沿海地区因对外贸易的发展，商业日趋繁荣，广州成为主要的对外贸易口岸。唐朝末期，"安史之乱"导致北方人口再一次南迁，促使南方农业、手工业更加迅速的发展。至此，我国经济重心进一步南移。

3.1.3 两宋到明清时期

两宋时期，中国经济重心已南移至长江中下游以南地区。由于水利的大规模兴修、农耕工具的改进和优良稻种的推广，江南地区农业生产在全国具有举足轻重的地位。此外，南方地区的手工业发展水平已超过北方，矿冶业、纺织业、造船业发达。随着农业和手工业的发展，南方商业也比北方兴盛。据统

---

① 韦国友：《中国区域城市发展不平衡的历史考察》，载于《玉林师范大学学报》2005年第4期。

计，北宋熙宗年间，全国财政收入的 50% 以上来自南方地区。因此，近千年来，长三角地区都是支持国家政权运转的主要财源地。

进入明清时期，我国传统的农业、手工业和商业发展达到了封建社会的最高水平，全国各地区的经济都得到了不同程度的发展。东南沿海地区的商品经济发展水平最高，有的城市还出现了资本主义的萌芽。但东西差距、南北差距进一步拉大。当前我国地区间差距的基本形态，与五百年前多少有些类似。

3.2　近代区域发展格局的变化

近代社会，伴随着我国开埠通商和机器大工业在部分城市的兴起，工业布局极度不平衡，使历史上原本存在的区域发展不平衡现象不仅没有消失，反而日益扩大。下面将分三个时期来考察近代中国区域之间工业布局的基本情况。

3.2.1　鸦片战争至甲午战争时期

鸦片战争后，晚清政府作为战败国，被迫与帝国主义签订了一系列不平等条约，并在东部沿海、沿江地区开放了一大批通商口岸，当时外资工厂和洋务派主办的工矿企业也主要集中在这些地区。据不完全统计，1843～1894 年，外国资本在华共设有工厂 101 家，其中 99 家均设在沿海沿江开埠城市。同时期，国内民族资本新设立的民用工矿企业资本在万元以上的共有 20 个行业、共计 153 家，其中，上海、武汉、天津、广州、顺德、南海共有 83 家，占总数一半以上，其他企业主要也分布在东部沿江城市，西部内陆地区仅有太原、兰州各 1 家。[1] 可见，这一时期我国区域经济发展不均衡程度很高。

3.2.2　19 世纪末到抗日战争爆发时期

19 世纪末，英、法、俄、日等国对中国资本输出猛增，在中国兴办了一大批工矿企业。与此同时，民族资本企业也开始大规模兴起。这一时期，随着 1898 年俄国租借旅顺、大连，以及日俄战争后，日本对东北部分城市实行殖

---

① 陈炜：《近代中国区域城市发展不平衡的现象分析》，载于《乐山师范学院学报》2006 年第 6 期。

民统治，北方出现了新兴工业聚集区，即东北工业区；同时，东部沿海地区工业进一步发展，并呈现由南往北扩展的趋势，山东、华北地区的外贸和工业发展迅速。据统计，1895～1913 年，外资在华建立厂矿 1366 家，主要分布在上海、天津、青岛、汉口、武昌、哈尔滨、长春、大连等沿海沿江城市。同一时期，中国民族资本共设有厂矿 549 家，其中，上海 83 家、广州 16 家、杭州 13家、无锡 12 家、天津 17 家及其他城市 380 家。[1] 这一时期东北工业集聚区的兴起，在一定程度上改变了工业分布南强北弱的局面，对近代中国工业的区域空间分布产生了较大影响。至此，工业发展不平衡的矛盾主要体现在东部沿海沿江地区和西部广大内陆地区之间。

3.2.3 抗日战争全面爆发到中华人民共和国成立时期

1937 年中国抗日战争全面爆发后，东部沿海沿江城市相继沦陷，东部地区大量人口西迁，大批工矿企业迁入内地，西部地区的工业一度迅速发展。据不完全统计，内迁工厂达 1500 家，工人 10 万余人，分布在四川、湖南、陕西、广西、云南、贵州等省。[2] 然而，好景不长，抗战胜利后，随着工厂和人口的回迁，西部地区工业的发展一度中断。再经过三年内战的破坏，西部地区工业发展基本停滞。可见，这一时期，东西部地区工业发展失衡的局面没有得到根本改变，随着东部地区生产的恢复，内陆地区与东部地区的差距不断扩大。

3.3 中华人民共和国成立后的区域发展战略

中华人民共和国成立以来，受均衡发展、非均衡发展和协调发展战略影响，我国地区差距变化也经历了三个波段。

3.3.1 中华人民共和国成立初期的均衡发展战略

中华人民共和国成立之初，我国生产力水平十分低下，工业基础非常薄弱，地区分布也极不平衡，党和国家领导人对此非常重视。1956 年，毛泽

---

①② 韦国友：《中国区域城市发展不平衡的历史考察》，载于《玉林师范学院学报》2005 年第4 期。

东同志在《论十大关系》的报告中指出:"沿海工业基地必须充分利用,但为了平衡工业发展的布局,内地工业必须大力发展。"从 20 世纪 50 年代初到 70 年代末,我国宏观区域政策的主线或基调是均衡发展,在社会生产力布局上国家投资和建设的重点主要是内陆地区,追求各地经济的同步发展和自成体系。

随着国家大规模投资于中西部地区,中西部地区发展明显加快,改变了中华人民共和国成立前遗留的 70% 以上工业和交通设施偏集沿海一隅的状况,在实现全国生产力均衡布局方面取得很大成效,在较短时间里为中西部地区奠定了工业化基础,有力地支撑了改革开放以后沿海地区乃至整个国民经济的快速增长。从东、西部差距看,1952 ~ 1965 年,人均国民收入的相对差距缩小了 12.6 个百分点。[1] 在此期间,由于中央对沿海地区投资减少,增长率下降,也出现了对沿海地区发展的挤出效应问题,例如,1955 年上海、天津两市的投资仅分别相当于同年折旧费的 76% 和 108%,[2] 致使上海、华北等老工业基地的作用和潜力远未得到应有的发挥和增强,轻工业生产也没有得到应有的发展,人民群众所需的日常生活用品极度匮乏。因此,国家对西部地区投资付出了很大的代价,机会成本也是很高的。

1965 年中苏关系恶化,为加强国防战备的需要,中央集中力量,加强了内陆地区战略大后方建设。根据"三五""四五"两个五年计划,生产建设向以战备为中心、以三线建设地区为重点转变。三线企业不仅集中了大量的设备和物质资源,而且集中了一批高素质的人才,极大地改善了西部地区的人力资本结构和生产技术水平。经过十年建设,三线地区建成了一批重要项目。横贯西部的几条铁路干线,均是在地形复杂、气候恶劣、条件艰苦的地区修筑而成,尤其是成昆铁路的修筑,创造了筑路史上的奇迹。当时,全国人民"勒紧裤带搞建设",吃了很多苦头,但由此形成的大量基础设施和工业基础成为今后维系国民经济运行的依托。由此可以证明,在国家财力、物力许可的条件下,只要有充分、周到的准备和科学的实施方案,对欠发达地区实施综合开发,特别是交通等基础设施建设,就可以取得比较好的地区均衡效果。

---

①② 　资料来源:《中国统计年鉴》。

3.3.2 改革开放后的非均衡发展战略

1978 年召开的党的十一届三中全会，是中华人民共和国历史上具有里程碑意义的会议，拉开了改革开放的序幕，各级政府的工作重点转移到以经济建设为中心的社会主义现代化建设上来。邓小平同志提出的"让一部分地区、一部分人先富起来，逐步实现共同富裕"的思想，使沿海地区成为改革"试验田"，"下海"经商者成了第一批"吃螃蟹"的人。理论界也对绝对平均的观点进行了反思，重新探讨了促进区域经济发展的理论体系，把效率原则和效益目标放在优先地位，在全国范围内形成一种非均衡发展战略。

社会主义要摆脱贫穷、走向富裕，绝不意味着平均富裕和同步富裕。我国幅员辽阔，自然条件迥异，各地社会经济文化发展很不平衡，地区之间尤其是东、中、西部之间存在着巨大差异，不可能同时、同步、同等富裕，必然有先有后、有快有慢。东部沿海地区与西部地区相比，有着得天独厚的优越地理位置和便利的交通运输设施以及较完备的技术、人才、信息等条件，具备率先发展的良好基础。国家对东部地区采取倾斜政策，集中力量发展，一方面，能为改革和发展积累经验，获取示范效应；另一方面，也能够增强整个国家的经济实力，并为带动和支持中西部地区经济社会发展创造条件。

1980 年 8 月开始，经中央决策，深圳、珠海、汕头和厦门 4 个东部沿海城市相继成为经济特区。在进一步积累经验的基础上，1984 年进一步开放大连、天津、秦皇岛等 14 个沿海港口城市。1988 年，海南成为最大的省级经济特区。1990 年，从经济整体布局考虑，国务院做出开发浦东新区的决定。我国形成了经济特区——沿海开放城市——沿海经济开放区——内地的开放格局。此后的 20 年间，国家从财政、税收、信贷、投资等多方面对东部沿海开放地区给予了一系列的优惠政策，鼓励沿海地区率先发展，东部正式成为承接世界产业转移的加工地。例如，为调动地方政府发展经济的积极性，中央扩大沿海地区利用外资审批权和对外贸易的自主权，加大外汇留成比例，对外商投资企业所得税和关税实行减免税政策，对广东、福建实行大包干的财政体制，对全国 40 多个经济特区和经济技术开发区实行年度上划中央消费税、增值税增量返还的政策等。此外，中央财政和国有银行的固定资产投资主要向东部地区倾斜，1995 年，全社会固定资产投资中，东部地区占 62.7%，分省（市）

看，前 5 名分别是广东、上海、辽宁、山东、江苏。[①]

这种战略以区域经济学中的梯度推移理论为基础，率先发展东部，能源、原材料建设的基地放到中西部，以东部的发展带动中部和西部的发展，使生产力及区域经济布局逐步由东向西作梯度推移。这一战略的实施，使东部沿海地区成为我国国民经济核心区和增长极，促进了整个国民经济的高速增长，我国国民经济的总体实力大为增强，人民生活水平大幅提高。同时，通过沿海地区一系列的传导、扩散机制和成功的示范效应，也带动了中、西部地区的经济发展和劳动力就业，促进了内陆地区经济的繁荣，与改革前相比，实现各地区经济普遍增长，达到了"帕累托最优"状态。

但是，上述区域经济非均衡发展战略也存在一些失误和问题，具体表现为：第一，国家对东部沿海地区实行过多的特殊优惠政策，使各地区发展在一个极不公平的环境中相互竞争，地区间差距加大，带来了经济学上的"马太效应"，引发了一系列社会矛盾和问题。第二，没有适时在中西部地区扩大对外开放，使中西部地区失去了发展的机遇，影响了全国统一市场的形成，不利于培育国内消费市场和人群。

3.3.3　区域协调发展战略

1988 年邓小平同志提出"两个大局"的思想，为区域协调发展战略奠定了理论基础。"两个大局"的思想是指："沿海地区要加快对外开放，使得这个拥有两亿人口的广大地区较快地先发展起来，从而带动内地更好地发展，这是一个事关大局的问题。内地要顾全这个大局。反过来，发展到一定的时候，又要求沿海拿出更多力量来帮助内地发展，这也是个大局，那时沿海也要服从这个大局。""两个大局"的构想从本质上来讲是让一部分地区先富裕起来，然后再带动其他地区共同富裕，最终我国要走共同富裕、均衡发展的道路。

实施区域协调发展战略，加快中西部地区协调发展，是党中央在国际形势发生重大变化、我国即将进入小康社会新发展阶段的重要历史时刻做出的重大战略决策，对保证国家长治久安具有重大的经济、政治和社会意义。

在 1999 年 9 月的十五届四中全会上，党中央正式提出西部大开发战略，

[①]　资料来源：《中国统计年鉴（1996）》。

此战略的实施关系到促进经济增长、扩大内需，关系到东西部协调发展和最终实现共同富裕等重大问题。2000 年 12 月，国务院颁布了《关于西部大开发若干政策措施的通知》，确定了西部大开发的重点、国家重点支持西部大开发的政策措施等，这是党和国家面向新世纪做出的重大决策。

2002 年党的十六大报告提出东北振兴问题，提出支持东北地区等老工业基地加快调整和改造，支持资源开采型城市转型和发展延续、接续产业，并将这一问题上升到国家战略层面。2003 年 9 月讨论通过《关于实施东北地区等老工业基地振兴战略的若干意见》，标志着振兴东北老工业基地战略全面启动。2004 年 3 月，国务院总理温家宝在政府工作报告中首次明确提出促进中部崛起。2006 年，《中共中央国务院关于促进中部地区崛起的若干意见》正式出台。至此，我国区域均衡发展战略全面启动。

2005 年我国《国民经济和社会发展第十一个五年规划纲要》颁布，以前所未有的篇幅阐述了区域经济协调发展新的战略、方针和政策以及若干措施和任务，主要是推进西部大开发、促进中部地区崛起、鼓励东部地区率先发展、振兴东北地区等老工业基地、形成适合我国国情的区域发展格局。国家继续在政策、资金和产业发展等方面，加大对中西部地区的支持。东部地区要在率先发展中带动和帮助中西部地区发展，东部地区的发展是支持区域协调发展的重要基石。此外，"十一五"规划明确提出，根据不同区域的资源环境承载能力、现有开发密度和发展潜力，统筹谋划未来人口分布、经济布局、国土利用和城镇化格局，制定《全国主体功能区规划》。

2010 年我国出台的《国民经济和社会发展第十二个五年规划纲要》中明确指出，实施区域发展总体战略和主体功能区战略，构筑区域经济优势互补、主体功能定位清晰、国土空间高效利用、人与自然和谐相处的区域发展格局，逐步实现不同区域基本公共服务均等化。

2012 年党的十八大报告提出继续实施区域发展总体战略，充分发挥各地区比较优势，优先推进西部大开发，全面振兴东北地区等老工业基地，大力促进中部地区崛起，积极支持东部地区率先发展。采取对口支援等多种形式，加大对革命老区、民族地区、边疆地区、贫困地区扶持力度。2013 年党的十八届三中全会决定指出，要紧紧围绕更好保障和改善民生、促进社会公平正义，深化社会体制改革，改革收入分配制度，促进共同富裕，推进社会领域制度创新，推进基本公共服务均等化。

2014 年，中共中央国务院印发了《关于全面振兴东北地区等老工业基地的若干意见》，从完善体制机制、推进结构调整、鼓励创新创业、保障和改善民生等方面提出经济发展新常态下全面振兴东北地区等老工业基地的 26 条意见。

2015 年党的十八届五中全会提出，推动区域协调发展，塑造要素有序自由流动、主体功能约束有效、基本公共服务均等、资源环境可承载的区域协调发展新格局；增加公共服务供给，从解决人民最关心最直接最现实的利益问题入手，提高公共服务共建能力和共享水平，加大对革命老区、民族地区、边疆地区、贫困地区的转移支付。

3.3.4　全国主体功能区规划的实施

实现全面建设小康社会乃至现代化，按照主体功能区划分，对我国国土空间分类制定发展政策和调控措施，这是对国家宏观调控政策体系尤其是区域宏观调控政策的重要创新和补充。参照日本和德国的经验，我国推进形成主体功能区的原则，就是要在区域发展总体战略基础上，划小和细分实施区域政策的空间单元，进一步明确优化开发、重点开发、限制开发和禁止开发区域，实施有针对性的区域政策，引导国土空间经济布局、人口分布与资源环境承载能力与之相适应，并通过绩效评价和政绩考核，促进人口、经济、资源环境的空间均衡。

推进形成主体功能区，就是要根据不同区域的主体功能，明确不同的发展要求，配套实行更具体、更有增强区域调控的有效性政策。发展经济条件较好和适宜人口居住的地区，将规划发展为人口和经济密集区，重点发展工业化和城镇化，而大部分国土空间不需要开发，需保持自然状态的生态区和适宜耕种、人口密度较低的农业区。

2011 年 6 月发布的《全国主体功能区规划》是我国区域发展的顶层设计，是全局性的、中长期的发展战略，正如温家宝总理所言，"这个规划要管 100 年"。从区域上看，近些年各地经国务院批准的"海峡两岸经济区规划""北部湾发展规划""成渝经济圈""蓝色经济区""海南国际旅游岛"等地区性发展规划，均为此规划框架下的子规划，是局部性的区域规划，必须遵从

《全国主体功能区规划》的基本原则和要求。从时序上看，"十二五"规划以及以后的五年规划，必须围绕全国主体功能区规划的目标实施，也是《全国主体功能区规划》的阶段性规划。

2010 年国务院出台的《全国主体功能区规划》，将国土空间划分为优化开发、重点开发、限制开发和禁止开发四类主体功能区。

1. 优化开发区

国家层面的优化开发区域，主要包括环渤海地区（包括京津冀地区、辽中南地区、山东半岛地区）、长江三角洲地区、珠江三角洲地区。这些地区是我国重要的人口和经济密集区，要通过优化经济结构、技术创新、提高经济增长质量，提升我国国家竞争力，成为带动全国经济社会发展的龙头，使我国经济在更高层次上参与国际分工，并具有全球影响力。

2. 重点开发区

国家层面重点开发区域，主要包括冀中南地区、太原城市群、呼包鄂榆地区、哈长地区、东陇海地区、江淮地区、海峡西岸经济区、中原经济区、长江中游地区、北部湾地区、成渝地区、黔中地区、滇中地区、藏中南地区、关中一天水地区、兰州一西宁地区、宁夏沿黄经济区、天山北坡地区。这些地区具备较强的经济基础、一定的城镇化规模和科技创新能力，并能够起到辐射带动作用，下一步将成为支撑全国经济重要增长极的地区。

3. 限制开发区

国家层面限制开发区，主要包括农产品主产区和重点生态功能区两部分。国家层面农产品主产区域，主要包括东北平原、黄淮海平原、长江流域、汾渭平原、河套灌区、华南主产区、甘肃新疆主产区等"七区二十三带"为主体的农产品主产区。上述地区主要以提供农产品为主体功能，并且农业生产条件基础较好，是保障农产品供给安全的重要区域，也是农村居民安居乐业的美好家园，以及社会主义新农村建设的示范区。

国家层面限制开发的重点生态功能区域，主要包括大小兴安岭森林生态功能区等 25 个地区，总面积约 386 万平方千米，占全国陆地国土面积的 40.2%；2008 年底总人口约 1.1 亿人，占全国总人口的 8.5%。① 国家重点生态功能区

---

① 根据《全国主体功能区规划》整理得出。

分为水源涵养型、水土保持型、防风固沙型和生物多样性维护型四种类型。上述地区生态系统十分重要，关系全国或较大范围区域的生态安全，目前生态系统有所退化，需要在国土空间开发中限制进行大规模高强度工业化城镇化开发，以保持并提高生态产品供给能力的区域。

4. 禁止开发区

国家层面禁止开发区域共 1443 处，总面积约 120 万平方公里，占全国陆地国土面积的 12.5%，主要包括国家级自然保护区、世界文化自然遗产、国家级风景名胜区、国家森林公园、国家地质公园等（见表 3–1）。上述区域，有代表性的自然生态系统、珍稀濒危野生动植物物种的天然集中分布地、有特殊价值的自然遗迹所在地和文化遗址等，需要在国土空间开发中禁止进行工业化、城镇化开发。

表 3–1　　　　　　　　　　国家禁止开发区域基本情况

类型	个数	面积（万平方公里）	占陆地国土面积比重（%）
国家级自然保护区	319	92.85	9.67
世界文化自然遗产	40	3.72	0.39
国家级风景名胜区	208	10.17	1.06
国家森林公园	738	10.07	1.05
国家地质公园	138	8.56	0.89
合计	1443	120	12.5

注：本表统计结果截至 2010 年 10 月 31 日。总面积中已扣除部分相互重叠的面积。
资料来源：根据《全国主体功能区规划》整理得出。

2016 年国务院发布《关于同意新增部分县（市、区、旗）纳入国家重点生态功能区的批复》，将 21 个省（自治区）238 个县（市、区、旗）、新疆生产建设兵团 2 个县、重点国有林区林业局所属 87 个林业局纳入国家重点生态功能区，并提出如下要求：（1）地方各级人民政府、各有关部门要牢固树立绿色发展理念，加强生态保护和修复，根据国家重点生态功能区定位，合理调控工业化城镇化开发内容和边界，保持并提高生态产品供给能力；（2）各有关部门要加大对国家重点生态功能区的财政、投资等政策支持力度，进一步增加相关预算规模，充分调动各地建设重点生态功能区的积极性；（3）地方各级人民政府要严格实行重点生态功能区产业准入负面清单制度，新纳入的县（市、区、旗）要尽快制定产业准入负面清单，确保在享受财政转移支付等优惠政策的同时,严格按照主体功能区定位谋划经济社会发展;(4)国家发展改革委要会同有关部门对相关县(市、区、旗)国家重点生态功能区保护和建设情况开展定期监督检查,建立相应激励和惩戒机制;进一步规范国家重点生态功能区范围调整标准和程序,推进国家重点生态功能区范围调整工作制度化和规范化。

推进形成主体功能区建设是全面落实科学发展观、推进和谐社会建设的重大举措,是关系我国国土开发全局和现代化建设的战略任务,是促进区域协调发展的重要途径。各省级政府要因地制宜制定省级主体功能区规划。

3.4 中华人民共和国成立后财政体制的重大调整

财政体制是一国政府区域发展战略的核心组成部分,我国也不例外。改革开放前,我国中央与地方财政关系变动了 12 次,但主要以中央集权的财政体制为主,地方支出所占比重仅占 25% 左右,地区间财力水平相对较为均衡;改革开放后,按照"分灶吃饭"的思路,1980~1993 年我国实行了多种形式的财政包干体制,通过财权下放,有力地调动了地方发展经济的积极性,但在收入增量方面向地方特别是沿海地区倾斜过多,也造成国家财政收入占 GDP 的比重和中央财政占全国财政收入的比重直线下降,大大削弱了中央政府的宏观调控能力,地区间差距日益扩大,超出了世界各国分权的底线,发出了危险的警示。在这种情况下,急需通过制度创新,在市场经济条件下实现中央集权和地方分权的有机结合、平衡统一。与传统集权体制不同,这种体制不是财权和事权都上收中央,而是中央集中力量办大事,并通过转移支付保证各地方财力均衡。在此背景下,分税制应运而生。

3.4.1 1994~2012 年分税制财政体制改革

根据中国国情,并借鉴国际经验,1994 年我国实行了分税制财政体制改革,此后经过 2002 年所得税收入分享改革、2004 年出口退税负担机制改革等多次调整完善(见图 3-1)。现行分税制是中华人民共和国成立以来我国最为规范的财政体制,为此后近 20 年的经济社会事业全面发展、落实重大民生政策及缩小地区间差距奠定了坚实的物质基础和体制框架。

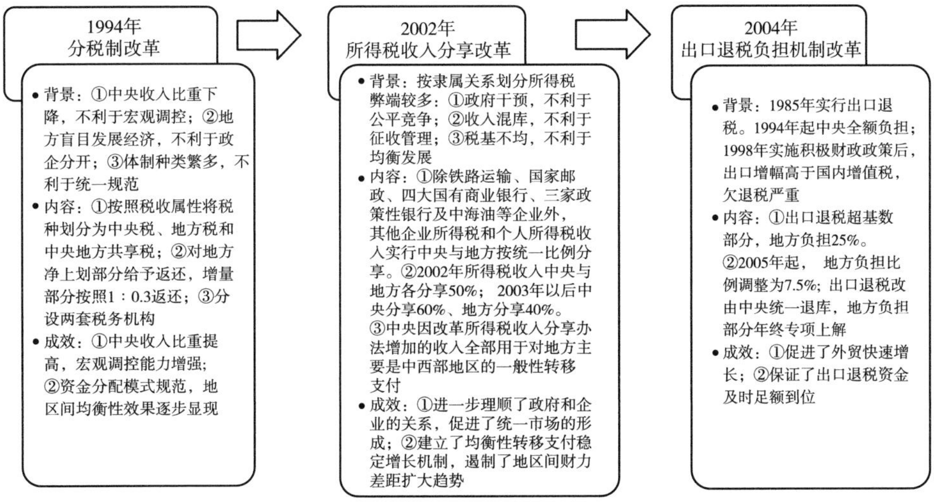

图 3 - 1　1994～2010 年分税制财政体制完善历程

一般来讲，财政体制包括政府间支出责任划分、收入划分和转移支付等三部分内容。1994 年分税制财政体制在这三个方面都做出了规定。

一是初步划分了中央地方支出责任。中央承担国家安全、外交和中央国家机关运转所需经费、实施宏观调控所必需的支出以及由中央直接管理的事业发展支出。地方承担本地区政权机关运转以及经济与社会事业发展所需支出。近年来，新出台的民生政策大多采用一事一议的方式确定中央和地方的支出责任，东部地区多自行承担，中西部地区中央补助较多（见表 3 - 2）。

表 3 - 2　　　　　　　　　　　　　　中央地方支出划分

分类	内　　　容
中央财政支出	国防、武警经费，外交和援外支出，中央级行政管理费，中央统管的基本建设投资，中央直属企业的技术改造和新产品试制费，地质勘探费，中央安排的农业支出，中央负担的国内外债务的还本付息支出，中央本级负担的公检法支出和文化、教育、卫生、科学等各项事业费支出
地方财政支出	地方行政管理费，公检法经费，民兵事业费，地方统筹安排的基本建设投资，地方企业的改造和新产品试制经费，农业支出，城市维护和建设经费，地方文化、教育、卫生等各项事业费以及其他支出

注：①改革开放以来的历次财政体制调整主要围绕收入划分展开，现行体制基本沿袭分税制前中央地方支出责任划分格局。

②事权和支出责任划分不适宜、不清晰、不规范的现象仍然存在，并成为制约财政体制完善的主要障碍。

③近年来中央出台农村义务教育经费保障机制改革、医疗卫生体制改革等多是通过一事一议的方式确定支出责任。

④下一步可考虑中央承担更多事权，减少委托事务，同时清晰界定中央和地方事权范围，明确负担比例。

二是统一明确了中央地方收入范围。将关税等体现国家权益、消费税等宏观调控功能较强的税种划为中央税，将增值税、所得税等同经济发展直接相关的主要税种划为中央与地方共享税，将营业税、房产税等适合地方征管的税种划为地方税（见表3－3）。

表3－3 中央地方收入划分

分类	内　　　容
中央固定收入	关税，海关代征消费税和增值税，消费税，铁道部门、各银行总行、各保险公司总公司等集中交纳的收入（包括营业税、利润和城市维护建设税），未纳入共享范围的中央企业所得税、中央企业上交的利润等
中央与地方共享收入	增值税中央分享75%，地方分享25%；纳入共享范围的企业所得税和个人所得中央分享60%，地方分享40%；资源税按不同的资源品种划分，海洋石油资源税为中央收入，其余资源税为地方收入；证券交易印花税中央分享97%，地方（上海、深圳）分享3%
地方固定收入	营业税（不含铁道部门、各银行总行、各保险公司总公司集中交纳的营业税），地方企业上交利润，城镇土地使用税，城市维护建设税（不含铁道部门、各银行总行、各保险公司总公司集中交纳的部分），房产税，车船使用税，印花税，耕地占用税，契税，遗产和赠予税，烟叶税，土地增值税，国有土地有偿使用收入等

注：①国际上一般都将体现国家权益、税源容易在地区间转移、波动性大、宏观调控功能强等税种作为中央税。

②分税制及历次完善，主要侧重于中央地方收入划分，目前，增值税、所得税等主要税种都实行了中央地方共享。2011年共享税收入约占财政总收入的一半。

③目前，中央地方收入划分仍有需要完善的地方，如增值税1∶0.3增量返还，部分企业所得税中央独享、出口退税共担等。

三是逐步完善了转移支付体系。作为分税制的组成部分，中央财政根据宏观调控需要，不断完善转移支付办法，形成了一般性转移支付与专项转移支付相互协调的转移支付体系（见图3－2）。其中，一般性转移支付不规定具体用途，可由地方政府统筹安排使用，旨在促进地区间基本公共服务均等化和推动国家重大政策的有效实施。专项转移支付专款专用，重点向"三农"、教育、医疗卫生、社会保障等公共服务领域倾斜。

1994年我国实行分税制改革以来，随着财政收入的快速增长，中央政府的财力宏观调控能力不断增强，有力地支持和保障了各项改革的顺利推进和民生政策的有效落实。为促进区域协调发展，经国务院批准，2002年实施所得税收入分享改革，中央集中的收入全部用于对中西部地区的均衡性转移支付，地区间财力差距方面扩大的趋势得以遏制。

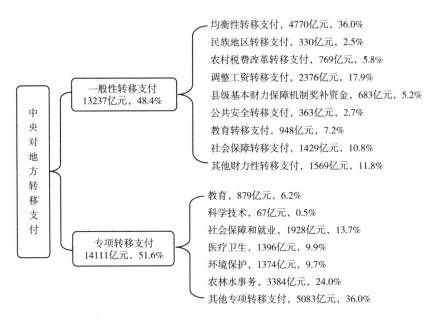

图3-2　2010年中央对地方财政转移支付体系

资料来源：《中国财政年鉴2011》。

3.4.2　2013~2016年财税体制改革进展

党的十八届三中全会《中共中央关于全面深化改革若干重大问题的决定》第五章"深化财税体制改革"明确提出，"财政是国家治理的基础和重要支柱，科学的财税体制是优化资源配置、维护市场统一、促进社会公平、实现国家长治久安的制度保障。必须完善立法、明确事权、改革税制、稳定税负、透明预算、提高效率，建立现代财政制度，发挥中央和地方两个积极性"。该章用了2/3的篇幅阐述了下一步深化财税体制改革的要求，可作为今后相当长一段时期财税体制改革的纲领性文件。

一是完善税收制度。深化税收制度改革，完善地方税体系，逐步提高直接税比重。推进增值税改革，适当简化税率。调整消费税税收范围、环节、税率，把高能耗、高污染产品及部分高档消费品纳入征收范围。逐步建立综合与分类相结合的个人所得税制。加快房地产税立法并适时推进改革，加快资源税改革，推动环境保护费改税。按照统一税制、公平税负、促进公平竞争的原则，加强对税收优惠特别是区域税收优惠政策的规范管理。税收优惠政策统一由专门税收法律法规规定，清理规范税收优惠政策。完善国税、地税征管体制。

二是建立事权和支出责任相适应的制度。适度加强中央事权和支出责任，国防、外交、国家安全、关系全国统一市场规则和管理等作为中央事权；部分社会保障、跨区域重大项目建设维护等作为中央和地方共同事权，逐步理顺事权关系；区域性公共服务作为地方事权；中央和地方按照事权划分相应承担和分担支出责任。中央可通过安排转移支付将部分事权支出责任委托地方承担。对于跨区域且对其他地区影响较大的公共服务，中央通过转移支付承担一部分地方事权支出责任。

三是进一步理顺中央和地方收入划分。保持现有中央和地方财力格局总体稳定；结合税收制度改革，考虑税种属性，进一步理顺中央和地方收入划分。

按照党的十八届三中全会要求和经党中央、国务院批准的《深化财税体制改革总体方案》，近年来财政出台了一系列文件和办法，将财税体制改革向纵深推进。

1. 中央与地方财政事权和支出责任划分改革

2016 年 8 月 16 日由国务院正式印发《关于推进中央与地方财政事权和支出责任划分改革的指导意见》（以下简称《指导意见》）。该文件第一次从政府公共权力纵向配置角度出发，比较系统地提出我国中央与地方事权和支出责任划分的基本原则和总体思路，对今后一个时期科学、合理、规范地划分各级政府提供基本公共服务的职责具有指导意义。《指导意见》主要内容包括：

一是适度加强中央的财政事权。强化中央的财政事权履行责任，中央的财政事权原则上由中央直接行使。中央的财政事权确需委托地方行使的，报经党中央、国务院批准后，由有关职能部门委托地方行使，并制定相应的法律法规予以明确。

二是保障和督促地方履行财政事权。将直接面向基层、量大面广、与当地居民密切相关、由地方提供更方便有效的基本公共服务作为地方的财政事权，赋予地方政府充分自主权，依法保障地方的财政事权履行，并在法律法规框架下加强监督考核和绩效评价，更好地满足当地居民基本公共服务需求。

三是在现有基础上减少并规范中央与地方共同的财政事权。针对中央与地方共同财政事权过多且不规范的情况，必须逐步规范和减少中央与地方共同财政事权。在此基础上，对保留的共同财政事权，根据基本公共服务的受益范围、影响程度，按事权构成要素、实施环节，分解细化各级政府承担的职责。

四是建立财政事权划分动态调整机制。对改革过程中新增及尚未明确划分的基本公共服务，要根据社会主义市场经济体制改革进展、经济社会发展需求，以及各级政府财力增长情况，将应由市场或社会承担的事务交由市场主体或社会力量承担，将应由政府承担的基本公共服务统筹研究确定为中央财政事权、地方财政事权或中央与地方共同财政事权。

五是对中央和地方的财政事权要分别确定由中央和地方承担支出责任。属于中央的财政事权，应当由中央财政安排经费，中央各职能部门和直属机构不得要求地方安排配套资金。地方的财政事权原则上由地方通过自有财力安排。对地方政府履行财政事权、落实支出责任存在的收支缺口，主要通过上级政府给予的一般性转移支付弥补。

六是对中央与地方共同财政事权区分情况划分支出责任。体现国民待遇和公民权利、涉及全国统一市场和要素自由流动的财政事权，研究制定全国统一标准，并由中央与地方按比例或以中央为主承担支出责任。对受益范围较广、信息相对复杂的财政事权，由中央和地方按比例或中央给予适当补助方式承担支出责任。对中央和地方有各自机构承担相应职责的财政事权，中央和地方各自承担相应支出责任。对中央承担监督管理、出台规划、制定标准等职责，地方承担具体执行等职责的财政事权，中央与地方各自承担相应支出责任。

七是加快省以下财政事权和支出责任划分改革。《指导意见》要求省级政府参照中央做法，结合当地实际，按照财政事权划分原则合理确定省以下政府间财政事权。将部分适合更高一级政府承担的基本公共服务职能上移，明确省级政府在保持区域内经济社会稳定、促进经济协调发展、推进区域内基本公共服务均等化等方面的职责。省级政府根据省以下财政事权划分、财政体制及基层政府财力状况，合理确定省以下各级政府的支出责任，避免将过多支出责任交给基层政府承担。

2. 调整中央和地方收入划分

一是调整证券交易印花税中央与地方分享比例。国务院印发了《关于调整证券交易印花税中央与地方分享比例的通知》，明确从 2016 年 1 月 1 日起，将证券交易印花税由按中央 97%、地方 3% 比例分享全部调整为中央收入，上海和深圳两地不再分享证券交易印花税。

二是完善出口退税负担机制。为有效促进外贸出口与经济持续健康发展，国务院印发了《关于完善出口退税负担机制有关问题的通知》，明确从 2015 年起出口退税全部由中央负担，地方 2014 年原负担的出口退税基数定额上解中央。实行了 11 年的中央与地方出口退税分担机制停止执行，再次回归至出口退税全额中央负担机制。2016 年后，中央分享增值税的比例与出口退税负担比例相差越来越大，比较而言，东部受益较多。

三是增值税实行"五五分享"。在营改增试点全面推开的背景下，2016 年 4 月 29 日国务院印发《全面推开营改增试点后调整中央与地方增值税收入划分过渡方案》（以下简称《过渡方案》），规定从 5 月 1 日起，所有行业企业缴纳的增值税由中央与地方按税收缴纳地"五五分享"；以 2014 年为基数，将中央从地方上划收入通过税收返还方式给地方，确保既有财力不变；中央集中的收入增量通过均衡性转移支付分配给地方，主要用于加大对中西部地区的支持力度。

按照《过渡方案》有关要求，结合地方提出的意见建议，财政部核定了增值税"五五分享"税收返还基数，在中央预算调整方案经全国人大常委会审议批准后，下达了 2016 年增值税"五五分享"税收返还 1787 亿元。这一改革措施对保持现有财力格局不变，发挥中央和地方两个积极性，兼顾东中西部利益关系，增强地方财政"造血"功能，营造主动有为、竞相发展、实干兴业的氛围具有重要作用。

四是中央对地方实行定额返还。《国务院关于实行中央对地方增值税定额返还的通知》，将增值税 1∶0.3 增量返还调整为定额返还，对增值税增加可减少不再增量返还或扣减，实行了 21 年的增值税 1∶0.3 增量返还制度画上了句号。

2013～2016 年中央和地方收入划分调整情况如图 3－3 所示。

3. 建立完善中央对地方转移支付同农业人口市民化挂钩机制，推进以人为核心的城镇化

研究制定农业转移人口市民化的财政政策，是近年来各级财政落实党中央、国务院部署，保障农业转移人口享受同城市居民完全平等公共服务和市民权利、促进以人为核心的新型城镇化进程的一项重要措施。2016 年 7 月，国务院印发《关于实施支持农业转移人口市民化若干财政政策的通知》，提出财

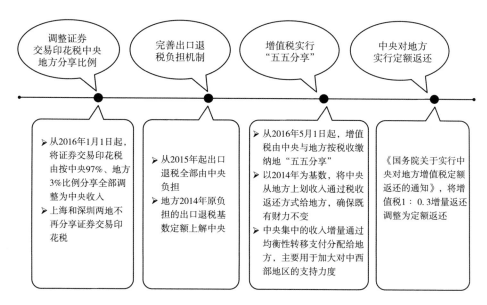

图 3 - 3　2013 ~ 2016 年中央和地方收入划分调整情况

政支持农业转移人口市民化的总体政策框架，明确保障农业转移人口子女平等享有受教育权利、支持创新城乡基本医疗保险管理制度、支持完善统筹城乡的社会保障体系、加大对农业转移人口市民化的财政支持力度并建立动态调整机制等 10 项政策措施。同时，各省、自治区、直辖市也结合实际，出台了本地区支持农业转移人口市民化相关意见。具体包括：

一是建立农业转移人口市民化奖励机制。2016 年中央财政安排农业转移人口市民化奖励资金 100 亿元，通过加大对人口流入地地方政府的财政支持，引导其向接纳的农业转移人口提供基本公共服务。此外，在均衡性转移支付测算分配时，充分考虑农业转移人口市民化相关分配因素。督促地方财政部门建立省以下农业转移人口市民化奖励机制，完善省级配套资金，统筹用于本地区农业转移人口市民化工作。

二是统一城乡义务教育经费保障机制。2016 年，财政部会同有关部门安排城乡义务教育经费保障机制资金 1103 亿元。在资金拨付上，依托全国中小学生学籍信息管理系统，学生无论在哪里接受义务教育，中央和地方财政部门都会按照不低于基准定额的标准对学校足额安排公用经费补助。据统计，约1300 万名进城务工农民工随迁子女实现生均公用经费基准定额资金可携带。

三是完善社会保障制度。加快落实异地就医结算制度，推进整合城乡居民基本医疗保险制度、城乡医疗救助制度；会同人力资源社会保障部出台《关于进一步加强企业职工基本养老保险基金收支管理的通知》，要求各地切实加强企业职工养老保险基金征缴管理；配合人力资源社会保障部出台《关于机关事业单位基本养老保险关系转移和职业年金转移接续有关问题的通知》，妥善解决机关事业单位参保人员在机关、企业间转移的问题。将城镇常住人口和城镇新增就业人数作为就业补助资金分配因素，并赋予适当权重。

四是加大住房保障力度。加大城镇住房保障家庭租赁补贴发放力度，鼓励包括农业转移人口在内的城镇住房保障家庭通过租赁住房解决居住问题。在安排保障性住房等相关专项资金时，对于吸纳农业转移人口较多、住房保障任务较重的地方给予适当支持。

与此同时，进一步完善转移支付制度，加大转移支付力度。一是增加一般性转移支付规模和比例。2016年中央对地方一般性转移支付达到32495亿元，占转移支付比例为60.5%，比2013年的56.7%提高了3.8个百分点（见图3－4a）。主要是加大均衡性转移支付规模，大幅增加对老少边穷地区的转移支付，提高地方保工资、保运转、保基本民生的能力。二是加大专项转移支付清理整合力度。2016年专项转移支付20925亿元，涉及项目94个，比2013年减少126个，下降57%（见图3－4b）。三是加强转移支付预算公开和绩效管理，主动接受社会监督，提高资金使用效益。

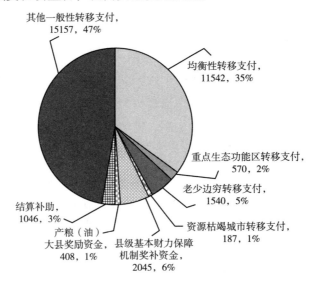

（a）一般性转移支付分项目结构

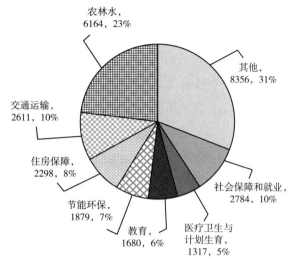

（b）专项转移支付分项目结构

图 3 - 4　2016 年中央对地方财政转移支付结构（单位：亿元）

资料来源：《中国财政年鉴 2017》。

3.5　地区差距存在的原因分析

从历史脉络和现实情况分析，目前我国区域发展的格局是自然条件、区位条件、交通条件、历史基础以及政策因素共同作用的结果。

首先，我国地区间自然条件、自然资源和环境承载能力差异明显。东部地区地势平坦、土壤肥沃、雨水充沛，生态环境较好，适合发展农业和养殖业；河湖纵横交错，拥有众多的港口码头，加之密集的公路和铁路网，交通极为便利。而西部地区位于内陆，以山地高原为主，尽管矿产资源丰富，但交通极为不便，资源开发困难重重；西北数省气候干燥、沙漠化严重，生态环境恶劣。中部地区人口众多，农业较为发达，工业基础良好。东、中、西部地区自然条件的差异是我国地区差距形成的先天原因。

其次，我国地区间发展的历史基础不同。一是长期积累起来的商品经济观念在东、中、西部地区之间存在较大差异。东部和中部地区是我国历代农业和商业比较发达的地区，而西部一些少数民族地区还生活在农业社会初期和中期阶段。二是东、中、西部地区之间的工业基础不同。我国近代工业和民族资本都集中在东部沿海地区和中部部分城市，而西部内陆地区工业基础较为落后。

再其次，经济发展水平不同。中华人民共和国成立以来，我国长期对煤、电、油等资源性产品的价格实行政府管制，人为压低这些原材料和初级产品的价格，而这些初级产品绝大部分都来自中、西部地区，造成了相对落后的中、西部地区向经济相对发达的东部地区的经济增长不断提供补贴的事实；与此相反，东部地区加工的产品又通过市场价格卖给中西部地区，相当于中西部地区为东部地区提供了广阔的国内消费市场，对东部地区又做了一次贡献。因此，这两方面都导致东、中、西部地区差距迅速扩大。此外，改革开放后的非均衡发展战略加大了地区差距扩大的步伐。我国地区间经济总量相差悬殊，欠发达地区起点低下，即使当期经济增长速度较快，依然无法与发达地区缩小绝对差距。

最后，现行财税体制也导致地区差距不断扩大。一是我国税收主体是流转税，多在生产环节征收，东部地区因加工企业多而受益，而中西部地区的广大消费者是真正的税收负担者。二是中央和地方公共服务方面的事权和支出责任不匹配，很多社会领域基本公共服务责任被下放到地方，60%的公共支出由地方承担，但地方政府缺少提供服务所需的财政资源，在一定程度上造成各地福利支出和社会服务的差距。三是中央和省级政府安排的具有均等化功能的转移支付规模依然较小，"削峰填谷"作用不强。近年来中央对地方一般性转移支付占转移支付总额的比重虽然有所提高，但2016年仍然只有60%，而且中央一般性转移支付下达到省里后，省级财政将大部分资金用于民生等专项开支，导致省对下均衡性转移支付规模更小，市县政府的可支配财力有限。

第*4*章

中国地区财力差距现状

中国区域广阔,地形梯度差异悬殊,地理单元众多,自然和水文、气候条件决定土地生产力相差较大,军事地理条件下的历史影响非常复杂,使各地经济发展水平呈现出明显的地区特征和地带梯度特征。20 世纪 70 年代末实施改革开放以来,随着交通与通信技术所推动的国内工业化、城镇化和国际经济全球化浪潮的风起云涌,我国区域经济发展格局发生了重大变化,东、中、西部等不同地区之间的差距日趋明显。本章主要对 2000 年以来,各地区人均 GDP、人均财政收入、人均财政支出和基本公共服务水平等主要反映地区发展差距指标的变动趋势进行分析,以期准确判断我国地区差距变化的现实情况,更好地为制定区域发展战略特别是财政体制改革提供参考。

4.1 比较单位的划分

衡量地区间财力差距,考察的范围既可以是不同区域,也可以是各地方政府,选取什么样的单位十分重要。所比较的单位不宜太粗,但也不能太细。如果太粗,会导致低估地区差距的严重性;如果太细,则数据的收集整理难度太大。因此,美国一般采取"九分法",即把 50 个州划分为九大区域;而英国则把它的 92 个行政单位划分为 10 个区域。我国人口众多,根据实际情况可以分为以下两类分别考量。

1. 行政管理区划

我国地方政府分为省、市、县、乡四级。《中华人民共和国宪法》第一章第三十条规定:"全国分为省、自治区、直辖市;省、自治区分为自治州、县、自治县、市;县、自治县分为乡、民族乡、镇。直辖市和较大的市分为区、县。自治州分为县、自治县、市。自治区、自治州、自治县都是民族自治地方。"据此，我国目前有五级政府架构。根据 2011 年《中国统计年鉴》，截至 2010 年底，全国省级行政区划包括 22 个省（不包括台湾省）、5 个自治区和 4 个直辖市，另外还有香港和澳门两个特别行政区。省以下行政区划包括：地市级区划 333 个（其中地级市 283 个）；县级区划 2856 个（其中市辖区 853 个、县级市 370 个、县 1461 个、自治县 117 个）；乡镇级区划 40906 个（其中街道办事处 6923 个、镇 19410 个、乡 14571 个）。

2. "东中西"区域划分

从我国大的区域定位看，既有划分为沿海与内地的"两分法"，也有划分东、中、西部三大地带的"三分法"，还有将东北地区单列的"四分法"。1956 年 4 月，在毛泽东所作《论十大关系》报告中，着重论述了沿海和内地的关系，将我国国土区域分为沿海和内地两部分。划分东、中、西三大地带的"三分法"，则是根据经济发展水平和地理位置的差异，把全国从东向西划分为三大地带。其中，东部包括：浙江、福建、北京、天津、辽宁、上海、江苏、山东、广东 9 省（直辖市），以及大连、青岛、宁波、厦门、深圳 5 个计划单列市；中部包括：安徽、江西、河南、湖北、湖南、河北、山西、吉林、黑龙江、海南 10 省；西部包括：贵州、云南、西藏、陕西、甘肃、内蒙古、广西、重庆、四川、青海、宁夏和新疆 12 个省（自治区、直辖市）。2000 年以来，国家出台的区域规划从自然地理和历史沿革的角度出发，将我国国土分为东部、中部、西部、东北 3 省四部分，现行统计年鉴和国家发改委主导的投资、产业规划等政策均采用此项划分。①

本书所指的区域划分均是东中西"三分法"，中央财政对地方的转移支付政策主要以此为依据，但大部分转移支付分配中还要考虑各地困难程度。例如，现行中央对地方均衡性转移支付、国家重点生态功能区转移支付、县级基本财力保障机制奖补资金、资源枯竭城市转移支付等一般性转移支付采用了困难程度系数。即现行中央对地方均衡性转移支付测算时，具体用该省基本公共

---

① 东部：北京、天津、河北、上海、江苏、浙江、福建、山东、广东、海南 10 省，以及大连、青岛、宁波、厦门、深圳 5 个计划单列市；中部：山西、安徽、江西、河南、湖北、湖南 6 省；西部：内蒙古、广西、重庆、四川、贵州、云南、西藏、陕西、甘肃、青海、宁夏和新疆 12 个省（自治区、直辖市）；东北三省：辽宁、吉林、黑龙江。

标准支出占该省标准收入的比重①和标准收支缺口率指标②综合衡量各地的财政困难程度系数。用公式表示为：

$$某省财政困难程度系数 = \frac{基本标准公共财政支出}{标准公共财政收入} \times 50\%$$

$$+ \frac{标准收支缺口}{标准公共财政支出} \times 50\%$$

此外，2006 年以来，中央出台了农村义务教育公用经费保障机制改革、城市义务教育和公共卫生、新型农村合作医疗等 12 项重大民生政策，中央财政分配转移支付资金时，考虑到中、西部地区财政相对困难，为体现对中、西部的支持，对西部地区补助 80%、中部地区补助 60%。由于东部地区财政状况差异较大，根据各地困难程度系数确定了福建 50%、山东 40%、辽宁 30%、江苏 20%、广东和浙江 10% 的补助比例（见表 4 - 1）。2009 年，国务院决定，新型农村养老保险转移支付对中西部地区的补助比例为 100%、东部为 50%。

表 4 - 1　　　　　　　　　　采用"54321"的重大民生项目

教育（5 项）	卫生（7 项）
农村义务教育免杂费及公用经费、免除城市义务教育阶段学生杂费、中职城乡家庭经济困难学生和涉农专业学生免学费、中等职业学校国家助学金、普通高中国家助学金	城镇居民基本医疗保险、新型农村合作医疗、基本公共卫生服务、农村孕产妇住院分娩、农村妇女补服叶酸、农村妇女宫颈癌项目检查、农村妇女乳腺癌项目检查

此外，中央财政在分配生猪屠宰环节无害化处理费、动物防疫经费、农村部分计划生育家庭奖励扶助制度、全国文化信息资源共享工程经费等其他需考虑地方财政状况的专项转移支付资金时，也对东、中、西部等不同区域采用了不同的补助比例。

4.2　经济发展水平的差距③

2000 ~ 2016 年全国 GDP 年均增长 13.6%，其中，东部、中部、西部地区

---

① 该比重的经济学意义是：参照恩格尔定律，财政收入中用于基本公共服务支出的比重越高，说明地方财政困难程度越大。

② 即标准收支缺口占标准支出的比重，缺口率越大的地方，财政保障力度越低，财政相对更加困难。

③ 本节数据来源为历年《中国统计年鉴》，或根据历年《中国统计年鉴》有关数据整理。

GDP 分别增长 13%、14%、15%。东部、中部、西部地区 GDP 占总额的比重从 2000 年的 52.1%、30.9%、17%变为 50.5%、29.2%、20.3%，东部和中部略有下降，中部有所提升。分省（区、市）看，内蒙古、宁夏、陕西、天津、重庆、西藏、青海增幅超过 15%，其中，内蒙古增长 17%，列全国首位，高于全国平均水平 3 个百分点；辽宁、黑龙江、上海、河北、甘肃、山西、新疆 7 省（区、市）GDP 增幅低于全国平均水平，其中，辽宁和黑龙江增长 10%，处于全国最低水平，低于全国平均水平 3 个百分点。

从人均 GDP 情况看，2000~2016 年全国人均 GDP 年均增长 13.0%。其中，东部、中部、西部地区分别增长 12.2%、13.2%、14.4%，中部和西部地区增速略高于东部地区。但中西部地区人均 GDP 水平与东部地区相比仍明显偏低，2016 年东部、中部、西部地区人均 GDP 分别相当于全国平均水平的 142%、78%和 74%；除内蒙古自治区和重庆市外，所有中、西部省（区、市）人均 GDP 低于全国平均水平，9 个东部省（市）中除辽宁外人均 GDP 均高于全国平均水平。从全国范围来看，人均 GDP 水平最高的是天津，相当于全国平均水平的 206%；最低的是甘肃，相当于全国平均水平的 49%；最高和最低两省市相差 4.2 倍，即使剔除直辖市，差距仍有 3.5 倍。

从时间序列看，2000 年东部与西部人均 GDP 的相对差距为 2.59 倍，此后一直呈扩大趋势，2003 年最高为 2.67 倍，2003 年以后这种扩大趋势有逐步向好迹象，到 2016 年相差倍数已下降到 1.9 倍。2000 年西部地区人均 GDP 相当于全国平均水平的 61%，2014 年上升到 79.4%，2016 年为 74.8%。与此相对应，2000 年中部地区人均 GDP 相当于全国平均水平的 75.8%，2012 年一度上升到 84.5%，2016 年为 78%。同期，地区间人均 GDP 的绝对差距持续扩大。2000 年东部与西部地区人均 GDP 的绝对差距为 7728 元，2010 年这一差距已经扩大至 25970 元，2016 年进一步扩大至 37829 元。

从省际情况比较看，2000~2016 年，人均 GDP 最高省份和最低省份之间、最高的 5 个省份和最低的 5 个省份之间的差距扩大趋势不容忽视。从相对差距看，总体来看这一期间呈现下降趋势，特别是最高省份和最低省份之间的差距下降幅度较大，从 2000 年的 10 倍以上下降为 2016 年的 4 倍；但 2014~2016 年出现小幅扩大趋势。从绝对差距看，呈现逐年扩大趋势，最高省份和最低省份之间的绝对差距从 2010 年的 2.69 万元扩大到 2016 年的 8.76 万元；最高 5 个省份与最低 5 个省份之间的绝对差距也从 2010 年的 1.53 万元扩大到 2016 年的 7.20 万元（见图 4 - 1）。

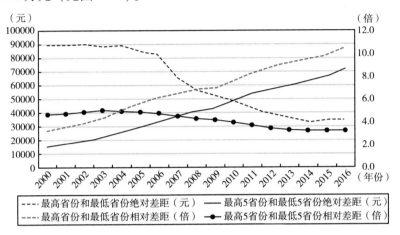

图 4 - 1　2010 ~ 2016 年地区间人均 GDP 差距变化情况

资料来源：历年《中国统计年鉴》。

除此之外，地区间城乡居民收入呈现自东向西逐级递减的状况。2016 年东部与西部地区城镇居民人均可支配收入相差 1.5 倍，农村居民人均纯收入相差近 2 倍。另外，西部地区城乡居民收入比接近 3 倍，一半的省份在 3 倍以上，最高的云南省为 3.4 倍，明显高于东部地区，说明西部地区城乡差距更大。

4.3　财政收入水平的差距[①]

财政收入反映了地方政府的收入筹集能力。经济发展不平衡的一个直接结果就是在相同的税收努力程度下，地区间财政收入能力差距拉大。

2000 ~ 2016 年地方一般预算收入平均增长 17.7%，其中，东部、中部、西部地区分别增长 17.6%、17.5%、18.6%。受所得税收入分享改革和西部大开发进程加快等因素影响，西部地区财政收入增幅高于东部和中部地区，东部、中部、西部地区占地方一般预算收入总额的比重从 2002 年的 60%、

————————————

①　本节数据来源为历年《中国财政年鉴》，或根据历年《中国财政年鉴》有关数据整理。

23.2%、16.8%变化为2016年的55.9%、24.3%、19.8%。分省（区、市）看，一般预算收入增幅较高的依次是：西藏、重庆、内蒙古、天津、江西、宁夏，增幅均超过20%，其中，西藏增长23.4%，居全国首位。一般预算收入较慢的依次是：黑龙江、辽宁、云南、广西、福建、广东、河北，增幅均不高于16%，其中，黑龙江增长12.1%，居全国末位。

此外，地方基金预算收入也相差悬殊。2015年地方基金预算收入38220亿元，其中，东部、中部、西部地区所占比重分别为55%、26%、19%。从结构上看，基金预算中土地出让收入33658亿元，东部、中部、西部地区所占比重分别为55.8%、25.8%、18.4%。如果考虑基金收入因素，地区间财政收入差距将会更大。

从人均财政收入看，2000～2016年全国年均增长16.8%，其中，东部、中部、西部部地区分别增长16.5%、16.5%、17.4%。但中部、西部地区人均财政收入总体水平仍然偏低，2016年仅分别相当于全国平均水平的61.4%、69.3%，相当于东部地区的37.4%、42.2%。

与省际间人均GDP差距变化趋势类似（见图4-2），2000～2003年，东部与西部地区人均财政收入的相对差距一直呈扩大趋势，由2.7倍扩大到3.2倍；2003～2012年相对差距逐步下降，2012年下降到2.1倍；2012年之后再次呈现扩大趋势，2016年扩大到2.4倍。东部与中部地区人均财政收入的相对差距变化趋势呈现同样特征（见图4-2）。

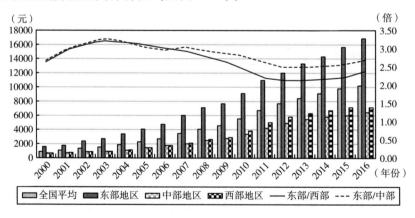

图4-2　2010～2016年全国和东中西部人均财政收入变化情况

资料来源：历年《中国财政年鉴》。

从相对极差分析。2016 年人均一般预算收入前五名的省（市）为上海、北京、天津、江苏和浙江，其人均一般预算收入为 18274 元/人，是全国平均水平的 2.9 倍。而后五名的省（区）是西藏、甘肃、河南、贵州和湖南，其人均一般预算收入仅为 4305 元/人，是全国平均水平的 0.68 倍。考虑中央税收返还，前五名省（市）人均一般预算收入相对于全国平均水平的倍数下降到 2.8 倍，后五名省（区）相对于全国平均水平上升到 0.71 倍；考虑中央对地方一般性转移支付后，前五名省（市）人均一般预算收入相对于全国平均水平的倍数下降到 2.2 倍，而后五名省（区）相对于全国平均水平上升到 1.26 倍。这充分反映了中央对地方一般性转移支付均等化效果十分明显。

从泰尔指数分析。首先，我国地区间财政收入差距主要来源于区域之间，以 2016 年一般预算收入为例，东、中、西部区域之间的差异对地区间总差异的贡献率超过 60%，而东、中、西部区域内部的差异对总差异的贡献率不到 40%；其次，东部九省（市）差异程度最高，中部 10 省内部最为均衡；最后，通过中央转移支付后，东、中、西部区域之间的差异对人均支出的差异贡献率下降到 15% 左右，转移支付有效地促进了东、中、西部区域之间基本公共服务均等化。

4.4　财政支出水平的差距

相对于人均 GDP 和人均财政收入而言，各地人均财政支出更能体现各地财政保障能力，但人口口径和成本差异因素对人均财政支出水平有较大影响。

4.4.1　绝对差距继续扩大，相对差距有所缩小[①]

2000～2016 年，东部、中部、西部占地方一般预算支出总额的比重从 45.9%、29.2%、24.9% 变化为 40.5%、30.6%、28.9%，中部、西部分别提高 1.4 个、4.0 个百分点。中西部地区人均一般预算支出也明显低于东部地区。从相对差距看，2000～2016 年总体呈下降趋势，但 2012 年之后有小幅扩

---

① 本节数据来源为历年《中国财政年鉴》，或根据历年《中国财政年鉴》有关数据整理。

大态势。2000 年东部地区是中西部地区的 1.74 倍，2012 年下降到 1.16 倍，2016 年又上升为 1.24 倍。从绝对差距看，这一期间总体呈现不断扩大趋势，2012 年之后差距进一步拉大，从 2000 年的 496 元扩大到 2012 年的 1217 元，2016 年进一步扩大到 2584 元。

分省（区、市）看，2000 年最高为上海人均一般预算支出 3782 元，最低为河南 679 元，二者相差 470 元，上海是河南的 8 倍；7 年来河南人均支出年均增长 22%，上海年均增长 16%，二者相差 6 个百分点。2006 年上海与河南的人均一般预算支出相对差距缩小为 6 倍，绝对差距扩大到 7611 元。与东中西地区间差距类似，2006～2012 年省际间相对差距继续呈缩小趋势，2012 年极差倍数为 5.5 倍；2013 年之后呈现扩大趋势，2016 年增至 6.1 倍（见图 4 – 3）。

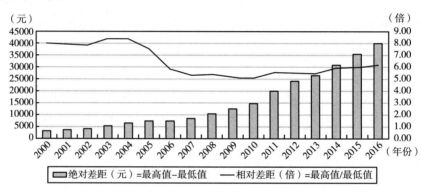

图 4 – 3　人均一般公共预算支出省际间极差分析

资料来源：根据历年《中国财政年鉴》有关数据计算。

此外，近年来，省以下财力逐步下沉趋势明显。但省以下差异仍较为显著并有扩大趋势，2010 年全国按照供养人员计算的人均财政支出前 20 位的县平均为 28.9 万元/人，后 20 位的县为 4.8 万元/人，二者相差 6 倍多；2016 年前20 位的县为 152 万元/人，后 20 位的县为 14 万元/人，二者差距扩大为 11 倍。

4.4.2　区域间差距缩小，区域内部差距扩大[①]

从基尼系数指标分析，1994 年分税制改革以来，地区间公共服务差异总

---

① 本节数据来源为历年《中国财政年鉴》，或根据历年《中国财政年鉴》有关数据整理。

体呈下降趋势，尤其是 2002 年所得税收入分享改革后，地区间差异明显改善。2013 年地区间基尼系数为 0.26，比 1994 年降低了近 1/3；2013 年至今，地区间差异程度呈小幅上升趋势。从各项转移支付和税收返还对基尼系数的税收贡献率看，一般性转移支付均等化效果日益显著，并呈上升趋势；专项转移支付贡献率相对固定，税收返还对缩小地区间财力差距也略有贡献。

从泰尔指数指标分析（见表 4-2），2002~2005 年，地区间人均支出差异平均超过 50% 来源于东、中、西部三大区域之间，也就是说，东、中、西部之间的差异是构成全国地区间差距的主要原因之一。2006 年以来，东、中、西部之间的支出差距指数大幅缩小，2016 年东中西部之间的支出差异对省际差距的影响率已经降到 15%，东、中、西部内部省际之间差距对省际差距的影响逐步增大至 85%，东、中、西部内部产生分化，而东、中、西部之间的差异在大幅缩小。这表明，自然地理因素及区域发展战略已经不是造成地区间人均支出差距的主要原因，原来东、中、西部区域之间的差异不再明显。

从各省（区、市）人均支出占地方平均支出水平比重和各省（区、市）排位情况看，2016 年东部地区变化较大的是：辽宁、山东、广东人均支出水平分别为全国平均水平的 113%、76%、105%，全国排位为 22、29 和 14，与 2000 年相比分别下降 15 位、8 位、8 位；江苏人均支出从全国平均水平的 96% 提高到 107%，居 12 位，上升 5 位。中部地区中变化较大的是：河北下降 8 位、黑龙江下降 8 位；海南、江西人均支出水平排位分别提高 7 位、5 位。西部地区中变化较大的是：云南下降 9 位；重庆提高 14 位、贵州提高 10 位，甘肃提高 4 位。

以 2016 年为例，从地方各项支出中人均支出差异系数和人均支出基尼系数可以看出，地区间人均医疗卫生、教育等均等化程度高于全国人均总支出均等化程度，其中，医疗卫生人均支出均等化程度最高，科学技术和城乡事务均等化程度最低（见表 4-3）。近年来，随着农村合作医疗等医疗卫生体制改革的逐步深化，中央财政投入了大量资金，形成了一种以政府为主导的"托底"保障机制，医疗服务均等化程度大幅提高。此外，随着教育经费保障机制的建立，地区间教育支出的均等化程度也相对较高，目前人均教育支出最低的辽宁省也达到全国平均水平的 65%。

表 4 - 2

分地区泰尔指数分析

项目	2002年	2003年	2004年	2005年	2006年	2007年	2008年	2009年	2010年	2011年	2012年	2013年	2014年	2015年	2016年
东部内部差异	0.0591	0.0604	0.0650	0.0604	0.0541	0.0523	0.0491	0.0458	0.0327	0.0300	0.0277	0.0259	0.0259	0.0275	0.0324
中部内部差异	0.0126	0.0127	0.0138	0.0111	0.0097	0.0069	0.0081	0.0072	0.0073	0.0070	0.0063	0.0060	0.0058	0.0058	0.0058
西部内部差异	0.0307	0.0304	0.0248	0.0239	0.0226	0.0217	0.0190	0.0199	0.0191	0.0236	0.0234	0.0216	0.0217	0.0222	0.0229
区域内差异	0.0290	0.0288	0.0285	0.0262	0.0263	0.0256	0.0235	0.0223	0.0201	0.0201	0.0196	0.0188	0.0189	0.0205	0.0222
对总差异贡献率（%）	52.3	47.6	47.8	49.2	58.3	61.7	65.2	68.4	76.6	78.5	82.2	83.1	82.6	84.7	84.8
区域间差异	0.0265	0.0317	0.0311	0.0270	0.0188	0.0159	0.0125	0.0103	0.0062	0.0055	0.0043	0.0038	0.0040	0.0037	0.0040
对总差异贡献率（%）	47.7	52.4	52.2	50.8	41.7	38.3	34.8	31.6	23.4	21.5	17.8	16.9	17.4	15.3	15.2
总差异	0.0555	0.0605	0.0596	0.0532	0.0452	0.0416	0.0360	0.0326	0.0263	0.0257	0.0239	0.0227	0.0229	0.0242	0.0262

资料来源：根据历年《中国财政年鉴》有关数据计算。

表 4 – 3　2016 年分项目差异情况

项目	一般公共服务	公共安全	教育	科学技术	文化体育与传媒	社会保障和就业	医疗卫生	环境保护	城乡社区事务	农林水事务	交通运输
人均差异系数	0.87	0.59	0.38	1.11	0.75	0.58	0.31	0.76	0.95	0.73	1.08
人均基尼系数	0.276	0.275	0.187	0.484	0.344	0.282	0.158	0.330	0.437	0.313	0.399
最低与全国平均之比	0.518	0.430	0.638	0.312	0.357	0.465	0.653	0.440	0.205	0.369	0.325
最低与最高之比	0.095	0.124	0.275	0.066	0.097	0.143	0.332	0.112	0.051	0.088	0.053

资料来源：根据《中国财政年鉴 2017》有关数据计算。

4.4.3　总人口口径的影响

目前，我国人口统计有两个口径：一个是户籍人口，根据公安部登记的户籍情况汇总数据；另一个是常住人口，根据统计局统计数据汇总数据。从 2016 年数据看（见图 4 –4），两个口径相差较大，东部沿海地区吸收了大量的外来务工人员，常住人口明显多于户籍人口。相差较多的是，广东多 1834 万人，上海多 972 万人，北京多 813 万人，浙江多 679 万人，天津多 518 万人，江苏多 223 万人。而中部人口大省外出打工现象普遍，户籍人口明显多于常住人口，其中，河南多 1838 万人，贵州多 898 万人，四川多 875 万人，安徽多 831 万人，广西多 741 万人，湖南多 497 万人，江西多 394 万人，重庆多 344 万人。考虑到公共服

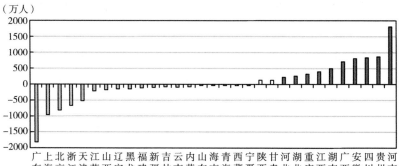

图 4 – 4　2016 年各地户籍人口与常住人口差异情况

资料来源：根据《中国财政年鉴 2017》有关数据整理。

务的对象不同，例如，公共安全、教育、城乡事务等应逐步转向以常住人口为对象，而社会保障、一般公共服务等仍需要以户籍人口为对象。

人均财政支出有户籍人口人均与常住人口人均之分。随着人口流动的加速以及农民工子女就地就学等政策的实施，人口流入地政府社会管理与公共服务支出需求增加，按照户籍人口计算人均支出并不能客观反映这些地区的财政支出水平。但是，由于新型农村合作医疗、新型农村养老、粮食直补等政策的服务对象人群仍为户籍人口，因此，单纯用常住人口计算人均财政支出，也不尽合理。因此，应根据两类人口口径对财政支出的影响程度加权计算，更为科学。

4.4.4 成本差异的影响

公共服务成本是指政府在执行公共权力、履行公共职责和社会管理职能，并为实现基本公共服务均等化目标所发生的各种费用和支出，以及由此所引发的各种社会成本的总和。由于各地区自然、经济和社会条件的差异性影响，在提供公共服务过程中，区域间公共服务供给的单位成本存在一定差异，即在不同的区域提供相同水平的公共服务其支出成本不同。因此，若不考虑公共服务成本差异就难以真正体现地区间财政能力的均等化，从而无法达到公共服务均等化目标。

第一，人口规模的影响。按照经济学边际成本递减的原则，人口越多，人均财政支出应相应减少。通俗来讲，各级政府都要设立与中央政府相对应的机构，如果辖区内人口较多，则人均财政支出水平必然较低。

第二，自然条件的影响。自然条件是人类社会生产、生活和发展的必要条件，是相对稳定性特征，通过人为手段彻底改变自然的难度很大，对基本公共服务供给成本有重要影响。例如，高海拔地区基础设施建设、农业发展、交通运输成本较高，人均寿命较短，医疗卫生支出需求大；北方地区冬季气温和夏季气温差异较大，冬季气温低，所需建筑成本和取暖费用较高；贵州等地地表起伏大，公路建设、基础设施、教育、农业发展成本都很高，导致公共支出需求加大。

第三，经济条件的影响。经济条件主要包括经济发展水平、居民收入和财富积累水平以及基础设施环境等，对地区间公共服务供给成本有很大影响。一般来讲，经济条件好的地区，市场化发育程度越高，法律法规越健全，市场资本自主提供准公共产品的能力较强，监管机制完善，政府发展公共事业的成本可以降低。但经济条件好的地区，物价水平高，百姓对政府的期望值高，也迫使地方政府提高公共服务标准，扩大公共服务范围。

第四，社会条件的影响。社会条件主要指社会事业发展水平和社会有序程度，主要包括道路出行、文化体育、教育培训、医疗卫生和社会保障等领域。在良好、有序的社会环境中，居民生活和企业生产的运行效率和效益都会大大提高，可以减少政府不必要的开支。例如，如果一个地区的居民受教育年限高，政府就可以减少培训和说服教育成本，而少数民族聚居地区的教育成本、行政成本就会比较高。

如果扣除北京、上海和天津三个直辖市，并考虑均衡性转移支付测算时的成本差异系数，28 个省（区、市）中，按照加权平均计算的总人口计算，2010 年人均财政支出最高的广东仅为人均最低的贵州的 1.83 倍，人均财政支出的差异系数也仅为 0.187，约为 31 个省（区、市）不考虑成本差异系数时的 1/3（见图 4-5）。

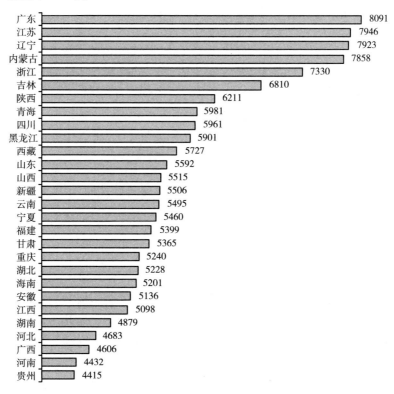

图 4-5　2010 年 28 个省（区、市）考虑成本差异后人均支出差异情况

注：2010 年 28 个省（区、市）的平均人均支出为 5142 元。
资料来源：根据《中国财政年鉴 2011》有关数据整理。

4.5 基本公共服务差距的衡量

无论是人均财力、人均财政支出，还是财政保障能力指数，都属于流量概念，反映的是当年政府公共服务能力与水平，而能够反映各地公共服务状况的存量指标是公共服务项目的物理量指标。

4.5.1 公共服务差距的衡量办法

评价我国公共服务差距的前提，是合理构建公共服务均等化指标体系，科学设计评价方法。在此基础上，分别从综合发展水平和分项发展水平的角度对我国公共服务均等化水平进行总体评价分析。

评价公共服务均等化水平是以各项公共服务投入和产出为基础，力求办法科学合理，评价结果客观公正。从公共服务的价值实现过程分析，受统计数据制约，主要从投入和产出均等化两个方面设计，并且偏重于用物化指标评价。

构建我国现阶段公共服务指标体系，一是根据《政府收支分类科目》的支出类级科目，该分类对公共服务做了较为清晰的界定，同时搜集财政相关数据；二是根据《中国统计年鉴》和教育、卫生等有关部门统计年鉴中的统计指标体系，构建形成涵盖基本社会保障、公共医疗、公共卫生、公共教育、公共文化、就业保障和公共基础设施 7 类公共服务项目，31 类二级指标、74 类三级指标的公共服务均等化指标体系。

4.5.2 公共服务均等化评价方法与步骤

随着多元统计方法的大量应用，近些年来因子分析法逐渐被广泛使用。这种方法能够消除变量指标之间的相关性，用较少的几个互不相关的因子分别综合存在于各变量中的大部分原始信息，在简化指标体系的同时保证其全面性，加之它在计算过程中通过每个因子的方差贡献率进行客观赋权，克服了主观赋权的片面性和随意性，完全从数据本身出发，从数据中挖掘出样本的真实信息，得到客观又全面的结果。即便是初始因子的经济含义不明确，也可通过因子旋转使旋转后的公共因子有更鲜明的实际意义。因此，在上述指标体系构建的基础上，采用因子分析法对公共服务水平指标进行综合分析。

第一步，根据问题选取与指标体系相关的原始变量；

第二步，对原始变量进行标准化并求其相关矩阵，以分析变量之间的相关性；

第三步，求解初始公共因子及因子载荷矩阵，一般保证贡献率大于 85% 的情况下提取公共因子；

第四步，当初始因子不适合进行经济含义解释时，对其进行因子旋转，根据旋转后的因子载荷矩阵得出因子得分表达式；

第五步，根据旋转后的因子得分系数求解各项因子得分，并根据方差贡献率计算因子总得分。

本书选取了 2010 年我国省（区、市）的相关截面数据，运用 SPSS 统计软件进行研究。需要说明的是，由于各地社会保障改革进度不一，社会保障服务的评价办法与其他公共服务的评价办法有所不同。

4.6　基本公共服务水平评价

本节主要介绍公共安全服务、公共医疗卫生服务、公共教育服务、社会保障服务、公共基础设施服务水平的均等化程度。

4.6.1　公共基础设施服务水平评价

1. 指标体系的建立

公共基础设施是指为公众设置、公众均可共享、不允许某个人独占或排他的一些基础性设施，如道路桥梁、公园绿地、公共交通等。在公共基础设施领域，可拆分为"执行运营"和"基础建设"两个环节。公共基础建设以提供公共服务为目标，基本不具有盈利，主要应由政府投入并管理，如农村道路、农村饮水问题等。根据我国多数省份现状，公共基础设施主要包括公共交通、公共邮政、公共用水、公用燃气、集中供暖、公共绿地、公共照明、公共通信 8 项具体内容。受数据所得限制，这里从八个方面对公共基础设施服务水平进行衡量。根据科学、全面、简便、可比、可操作的原则，我们选取以下 19 个指标：

（1）公共交通服务水平。

公共交通指人员运输方面，不包括货物运输。公共交通系统由通路、交通工具、站点设施等物理要素构成。广义的公共交通包括民航、铁路、公路、水运等交通方式；狭义的公共交通是指城市范围内定线运营的公共汽车及轨道交通、渡轮、索道等交通方式。作为公共服务的公共交通，主要依据我国多数居民出行需要，考察公路、铁路、城市运营公共汽车等情况。具体有以下6个指标。

X_1：铁路密度＝某地区铁路里程÷区域行政面积；

X_2：公路密度＝某地区公路里程÷区域行政面积；

X_3：等级以上公路占公路里程比＝某地等级以上公路÷该地区公路总里程；

X_4：每万人拥有公共交通车辆；

X_5：人均城市道路面积；

X_6：每万人公路营运载客汽车客位数＝用公路营运载客汽车客位数÷总人数。

（2）公共用水服务水平。

公共用水指政府为保障辖区居民生活用水需要而提供的公用基础设施，如自来水供给设备、输水管道等。受数据限制，这里采用两个项评价指标。

X_7：城市用水普及率；

X_8：城市人均供水能力＝全年供水总量÷城市总人口。

（3）公用燃气服务水平。

公用燃气指政府为保障居民生活用燃气提供的相关公共基础设施。

X_9：城市用燃气普及率；

X_{10}：城市人均燃气供应水平＝全年供气总量÷用气人数。

（4）集中供暖服务水平。

集中供暖指政府为保障居民在寒冷季节取暖需要而提供的公共基础设施。考虑北方省份均存在取暖问题，并且是关系到居民生活的大事，因此纳入公共服务范围。对于南方不存在冬季取暖的省份，其评价指标按照最低水平计入。这里采用城市人均集中供热能力指标对集中供暖情况进行衡量，该指标数值为集中供热供应能力与城市总人口之比。

X_{11}：城市人均集中供热能力＝集中供热供应能力÷城市总人口。

（5）公共绿地服务水平。

公共绿地指供游览休息的各种公园、动物园、植物园、陵园以及花园、游

74

乐园和供游览休息用的林荫道绿地、广场绿地，不包括一般栽植的行道树及林荫道的面积。广义上的公共绿地包括该地区的森林覆盖和草地植被情况。这里评价公共绿地均等化水平，主要采用城市人均公园绿地面积、森林覆盖率和城市绿化覆盖率 3 个指标。

X_{12}：城市人均公园绿地面积；

X_{13}：人均林地面积；

X_{14}：建成区绿化覆盖率。

（6）公共照明服务水平。

公共照明指政府为居民夜间出行提供公共道路照明需要的相关基础设施。目前，受城乡差异限制，公共照明主要指城市公共照明。城市公共照明设施指用于城市道路（含街巷、桥梁、隧道、广场、公共停车场）、住宅小区、风景名胜区、公园、绿地等处的路灯、变配电设施、灯杆、灯具、地上地下管线，以及其他照明附属设备、设施等。受统计数据限制，本文采用城市每公里路段路灯数进行衡量，该指标为城市道路照明灯数目同城市道路总里程相比而成。

X_{15}：城市每公里路段路灯数 = 城市道路照明灯 ÷ 城市道路里程。

（7）公共通信服务水平。

公共通信指政府为满足居民日常通信需要提供的各类公共基础设施。根据可采集的统计数据，这里采用移动电话普及率、固定电话普及率和宽带普及率 3 项指标。

X_{16}：移动电话普及率 = 移动电话年末用户数 ÷ 总人口；

X_{17}：固定电话普及率 = 固定电话年末用户数 ÷ 总户数；

X_{18}：宽带普及率，互联网宽带接入端口 ÷ 总人口。

（8）公共邮政服务水平。

公共邮政为居民邮递提供公共服务设施。

X_{19}：邮政营业网点分布密度 = 邮政网点个数 ÷ 区域面积。

2. 分项指标处理

在对以上指标进行分析之前，先对其进行预处理。根据专家打分法和因子分析法，将同一类别下的变量进行合并，用一组新的变量来表示各项公共基础设施服务水平。具体情况见表 4 - 4。

表4-4 变量预处理情况

处理后变量	处理方法	初始变量
公共交通服务水平 Y_1	标准化后用专家打分法赋权，权重分别为：10%、30%、10%、20%、10%、20%	X_1
		X_2
		X_3
		X_4
		X_5
		X_6
公共用水服务水平 Y_2	标准化后用专家打分法赋权：权重均为50%	X_7
		X_8
公共燃气服务水平 Y_3	标准化后用专家打分法赋权：权重均为50%	X_9
		X_{10}
集中供暖服务水平 Y_4		X_{11}
公共绿地服务 Y_5	根据因子分析得出的综合因子得分表示新变量	X_{12}
		X_{13}
		X_{14}
公共照明服务 Y_6		X_{15}
公共通讯服务 Y_7	根据因子分析得出的综合因子得分表示新变量	X_{16}
		X_{17}
		X_{18}
公共邮政服务 Y_8		X_{19}

（1）公共绿地服务。

公共绿地服务 Y_5 的因子分析过程如下：

第一步，将 X_{12}、X_{13}、X_{14} 标准化，然后进行检验，发现 KMO 的值为 0.508，Bartlett 球形检验的 P 值为 0.000，适合做因子分析。

第二步，用标准化后的数据进行因子分析，从结果中可以看出：提取原始变量的信息超过了84%，前两个主因子的方差贡献率为90.24%。因此，我们选取前两个因子对公共绿地服务水平进行描述。

第三步，根据各个因子得分计算公共绿地水平的总因子得分，在下面的分析中用其表示公共绿地服务水平指标 Y_5。

（2）公共通信服务。

公共通信服务 Y_7 的因子分析过程如下：

第一步，将 X_{16}、X_{17}、X_{18} 标准化，然后进行检验，发现 KMO 的值为 0.665，Bartlett 球形检验的 P 值为 0.000，适合做因子分析。

第二步，用标准化后的数据进行因子分析，从结果中可以看出：在提取两个主因子的情况下提取原始变量的信息超过了 99%，前两个主因子的方差贡献率为 99.79%。因此，我们选取前两个主因子对公共通信服务水平进行描述。

第三步，根据各个因子得分计算公共通信服务的总因子得分，在下面的分析中用其表示公共通信服务指标 Y_7。

3. 综合指标分析

（1）因子分析。

为了进一步对公共基础设施服务水平进行分析，我们对 Y_1、Y_2、Y_3、Y_4、Y_5、Y_6、Y_7、Y_8 进行因子分析。

第一步，为了避免多个指标量纲和数量级的影响，在进行相关性检验之前必须对数据进行标准化处理，将它们都转化为无量纲数据后进行因子分析。运行结果显示，KMO 相关性检验值为 0.709，Bartlett 球形检验的 P 值为 0.000，且简单相关系数大多大于 0.4，适合做因子分析。

第二步，用标准化后的数据进行因子分析，从结果中可以看出：前四个因子提取的信息量基本超过 75%。具体数据见表 4 – 5。

表 4 – 5　　　　　　　　　　　变量共同度

因子	初始信息量	提取的信息量
Y_1	1.000	0.778357
Y_2	1.000	0.757403
Y_3	1.000	0.774445
Y_4	1.000	0.938001
Y_5	1.000	0.901498
Y_6	1.000	0.935062
Y_7	1.000	0.796058
Y_8	1.000	0.764294

观察方差贡献率，发现前四个因子的累计贡献率达到 83.06%，因此，前三个因子已经足够描述公共基础设施服务的总体水平。具体数据见表 4 – 6。

表 4 – 6　　　　　　　　　　　　　　　　方差贡献率

因子	初始特征值			绝对载荷			旋转后的绝对载荷		
	总方差	方差贡献率	累积方差贡献率	总方差	方差贡献率	累积方差贡献率	总方差	方差贡献率	累积方差贡献率
Y_1	3.349362	41.86702	41.86702	3.349362	41.86702	41.8670214	2.967674	37.09592	37.09592
Y_2	1.293449	16.16811	58.03513	1.293449	16.16811	58.03513401	1.424055	17.80069	54.89661
Y_3	1.156924	14.46155	72.49668	1.156924	14.46155	72.4966799	1.165327	14.56659	69.4632
Y_4	0.845385	10.56731	83.06399	0.845385	10.56731	83.0639914	1.088063	13.60079	83.06399
Y_5	0.50678	6.334744	89.39874						
Y_6	0.356706	4.45882	93.85756						
Y_7	0.263766	3.297075	97.15463						
Y_8	0.22763	2.84537	100						

第三步，由于未旋转的公共因子的实际意义不好解释，因此，对因子分析得到的公共因子进行方差最大化正交旋转，得出旋转后的因子负荷矩阵（见表 4 – 7）。

表 4 – 7　　　　　　　　　　　旋转后的因子负荷矩阵

因子	F_1	F_2	F_3	F_4
Y_1	0.846772	− 0.01532	0.206860308	0.135308
Y_2	0.74454	0.432743	− 0.052726141	0.114088
Y_3	0.851083	− 0.044	0.218936447	0.01532
Y_4	0.076489	− 0.08268	− 0.051888221	0.960532
Y_5	0.170919	0.120798	0.923047194	− 0.07534
Y_6	0.065626	0.950296	0.126238167	− 0.10843
Y_7	0.709884	0.529366	− 0.087542787	− 0.06504
Y_8	0.654724	0.172913	− 0.439902964	− 0.33499

由表 4 – 7 可以看出：其一，第一个主因子 F_1 主要由 Y_1（公共交通服务）、Y_2（公共用水服务）、Y_3（公共燃气服务）、Y_7（公共通信服务）、Y_8（公共邮政服务）等指标构成。F_1 总的贡献率最大，为 33.138%，可以定义为公共基础设施服务的综合因子。其二，第二主因子 F_2 主要由 Y_6（公共照明服务）决定，可以定义为公共照明服务水平指标，总的贡献率为 20.912%。其三，第三主因子 F_3 主要由 Y_5（公共绿地服务）所决定，可以定义为公共绿地服务

因子。其四，第四主因子 F_4 主要由 Y_4（集中供暖水平）所决定，可以定义为公共集中供暖服务因子。

第四步，根据因子得分表达式计算各个因子的得分，然后以各个因子的方差贡献率为权重，计算出总因子得分，排序之后得出我国各个地区不同方面的公共基础设施服务水平。表达式为：

$$F = (37.09F_1 + 17.80F_2 + 14.56F_3 + 13.60F_4)/83.06$$

计算得出我国各地区公共基础设施水平评价结果见表4－8。

表4－8　　　　　　　我国各地区公共基础设施水平评价结果

地区	F_1	排名	F_2	排名	F_3	排名	F_4	排名	F	排名
北京	0.70106	7	4.72328	1	0.71747	9	-0.06845	16	1.44	1
天津	1.04301	4	-0.35249	19	-1.12994	27	1.04255	5	0.36	9
河北	0.35239	9	-0.48917	24	0.86194	6	1.1095	4	0.39	8
山西	-0.25624	16	-0.27256	18	-0.30124	24	0.07124	15	-0.21	18
内蒙古	-1.14855	29	0.31889	6	-0.2616	22	-0.68413	21	-0.6	29
辽宁	0.14773	12	0.71926	3	0.04076	20	1.88671	3	0.54	6
吉林	-0.48437	20	-0.25502	17	-0.24175	21	0.96916	6	-0.15	16
黑龙江	-0.84701	27	-0.44761	23	0.11264	17	0.0921	13	-0.44	25
上海	3.05666	1	0.30572	7	-2.69151	31	-1.88945	31	0.65	5
江苏	2.50125	2	-1.16776	31	1.13072	2	0.09458	12	1.08	2
浙江	1.08163	3	0.04941	13	0.65561	10	0.28431	9	0.66	4
安徽	0.26599	10	-0.40228	20	0.07972	18	0.26422	10	0.09	13
福建	0.26375	11	0.00156	14	0.92996	4	-0.77728	25	0.15	10
江西	-0.57665	23	0.05246	12	1.82953	1	-0.91906	28	-0.08	15
山东	0.95073	6	-0.74627	28	0.84088	7	2.65684	1	0.85	3
河南	-0.60691	25	-0.41462	21	-0.29822	23	0.09136	14	-0.4	24
湖北	0.35567	8	-0.82664	30	0.05743	19	-0.2818	17	-0.05	14
湖南	-0.16221	13	-0.75854	29	0.21548	15	-0.68796	22	-0.31	20
广东	0.96129	5	-0.21866	16	0.94789	3	-0.69596	23	0.43	7
广西	-0.52939	21	-0.41793	22	0.34829	13	-0.78183	26	-0.39	23
海南	-0.79881	26	0.19593	9	0.90545	5	-0.92243	29	-0.31	21
重庆	-0.2337	15	-0.72086	27	0.76824	8	-0.9707	30	-0.28	19
四川	-0.59314	24	-0.60855	26	0.3696	12	-0.88959	27	-0.48	26
贵州	-1.31114	31	0.11815	11	-0.96426	26	-0.68253	20	-0.84	31

续表

地区	F_1	排名	F_2	排名	F_3	排名	F_4	排名	F	排名
云南	-1.01733	28	-0.04666	15	0.19668	16	-0.75013	24	-0.55	28
西藏	-0.56292	22	-0.54143	25	-1.91898	30	-0.40281	18	-0.77	30
陕西	-0.18799	14	0.42869	5	0.33804	14	0.52101	7	0.15	11
甘肃	-1.20207	30	0.16792	10	-1.85149	29	2.09308	2	-0.48	27
青海	-0.41632	18	0.48054	4	-1.27745	28	-0.40483	19	-0.37	22
宁夏	-0.46957	19	0.89471	2	0.40386	11	0.39181	8	0.12	12
新疆	-0.27683	17	0.23053	8	-0.81377	25	0.24047	11	-0.18	17

从表4-8可以看出我国各个省（区、市）的公共基础设施服务水平综合排名。我国省际间的公共基础设施综合水平存在一定差异，这种差距不仅存在于东、中、西部三大区域之间，也存在于区域内部。东部地区排名均比较靠前，中部的各个地区则相差不大，排名比较集中；西部地区的排名基本靠后，陕西、宁夏略好。

（2）公共基础设施服务水平地区差异分析。

从2010年各地区公共基础设施服务的综合因子得分来看，该指数在地区间差异较大，最小值为-0.84，最大值为1.44。具体的差异状况见图4-6。

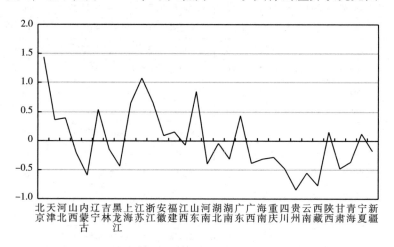

图4-6 我国地区间公共基础设施服务水平综合得分

由图4-6可以看出，总体上看，我国地区间公共基础设施均等化程度相对较低，整体水平也相对较低。公共基础设施服务水平最高的省（市）依次是北京、江苏、山东、浙江、上海、辽宁、广东，公共基础设施服务水平的综合得分在0.4以上，属于第一层次；而河南、黑龙江、四川、甘肃、云南、内蒙古、西藏、贵州这 7 个省（区）公共基础设施服务水平综合情况较差，综合得分值小于 -0.4，属于服务水平的第三层次；剩下的地区则属于第二层次。可见，公共基础设施服务水平与经济发展水平之间具有较强的相关性。此外，从实际经验看，一项公共基础设施水平的高低，往往与当地政府领导重视程度和在当地财政支出中的优先地位有一定关系。

4.6.2　公共医疗卫生服务

1. 指标体系的建立

公共医疗服务即政府通过公立医院、保险机构、医疗机构直接为老百姓提供公共医疗服务产品。从整体上来看，我国公共医疗服务区域极化特征比较明显。这里将从医疗服务指标、居民医疗保险及费用补偿两个方面对我国各地区公共医疗服务水平的差异进行分析。

X_1：医疗技术人员配备水平，用每千人配备的医疗技术人员数来衡量；

X_2：医疗机构床位配备水平，用每千人配备的医疗卫生机构床位数衡量；

X_3：人口密度；

X_4：预期寿命。

2. 分项指标分析

在对以上指标进行分析之前，先对其进行预处理。根据专家打分法和因子分析法，将同一类别下的变量进行合并，用一组新的变量来表示公共医疗服务水平。具体情况见表 4 - 9。

表 4 - 9　　　　　　　　　　　　变量预处理情况

处理后变量	处理方法	初始变量
Y_1	将 X_1、X_2、X_3 根据因子分析得出的综合因子得分表示新变量	X_1
		X_2
		X_3
Y_2		X_4

3. 综合指标分析

用专家打分法对 Y_1 和 Y_2 进行标准化，根据专家打分法分别赋权重 30%、70%，计算公式为 $F = Y_1 \times 0.3 + Y_2 \times 0.7$，利用 excel 计算后得出的具体得分数据见表 4 - 10。

表 4 - 10　　　　　　　　　　我国各地区公共医疗水平评价结果

地区	F	排名
北京	2.881452	1
天津	1.182997	3
河北	− 0.1105	13
山西	0.311979	6
内蒙古	− 0.19603	16
辽宁	0.500057	5
吉林	0.243883	8
黑龙江	0.136324	11
上海	2.859086	2
江苏	0.19349	9
浙江	0.501369	4
安徽	− 0.46738	24
福建	− 0.18743	15
江西	− 0.7692	28
山东	0.301504	7
河南	− 0.36025	21
湖北	− 0.30616	19
湖南	− 0.38457	23
广东	0.162529	10
广西	− 0.52976	25
海南	− 0.15265	14
重庆	− 0.36186	22
四川	− 0.35328	20
贵州	− 1.20603	31
云南	− 0.93874	29
西藏	− 1.14136	30
陕西	− 0.21617	17
甘肃	− 0.73313	27
青海	− 0.6641	26
宁夏	− 0.23597	18
新疆	0.03992	12

由表 4-10 可以看出我国各个省（区、市）的公共医疗服务水平的各项排名。观察发现，我国的公共医疗服务综合水平存在一定的省际差异，且这种差距不仅存在于东、中、西部三大区域之间，也存在于区域内部。其中，北京的排名最高，贵州排名最低。

从 2010 年各地区公共医疗服务的综合因子得分来看，该指数在地区间差异较大，最小值为 -1.21，最大值为 2.85。具体的差异状况见图 4-7。

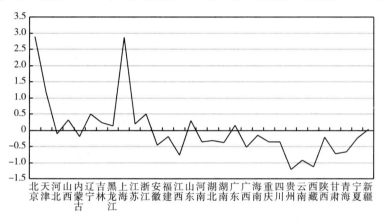

图 4-7　我国地区间公共医疗服务水平综合得分

从整体上来看，我国公共医疗服务区域极化特征比较明显，主要形成了三个等级层次。第一等级是北京、上海、天津、浙江、辽宁，公共医疗服务指数在 0.5 以上；第二等级是山东、山西、江苏、吉林、黑龙江、广东、新疆、河北、内蒙古、海南、宁夏、福建、陕西、湖北、湖南、河南、重庆、四川、安徽，公共医疗服务指数在 0.5 至 -0.5 之间；第三等级是广西、青海、甘肃、江西、云南、西藏、贵州，公共服务指数化数值均在 -0.5 以下。由图 4-7 可以看出，基本公共医疗最好的为东部地区，中部地区某些省份也较好，而西部地区整体服务水平较差。

4.6.3　公共教育服务

1. 公共教育服务指标体系的建立

公共教育是人们对教育诉求的产物，作为一种存在物，它不同于一般意义上以培养人为目的的教育。准确地说，公共教育是在社会文明发展的一定历史阶段形成，由国家、团体或个人向社会单独或混合提供，为全社会成员分享并服务于社会的公共物品或准公共物品。

这里将公共教育分成小学、初中、高中和中专、大专及以上教育四个指标建立指标体系，来衡量我国省际公共教育服务的差异。

X_1：小学教育，用受小学教育的人口比重表示；

X_2：初中教育，用受初中教育的人口比重表示；

X_3：高中和中专教育，用受高中和中专教育的人口比重表示；

X_4：大专及以上教育，用受大专及以上教育的人口比重表示。

2. 分项指标处理

我们用平均受教育年限来衡量各个地区的教育服务水平。按照国家统计口径计算受教育年限，小学教育按照人均受教育 6 年计算；初中教育按人均受教育 9 年计算；高中和中专教育按照人均受教育 12 年计算；大专及以上教育考虑到专科的三年制按人均受教育 16 年计算。综合教育服务水平的计算公式为：$F = (X_1 \times 6 + X_2 \times 9 + X_3 \times 12 + X_4 \times 16)/100$，具体数据见表 4 – 11。

表 4 – 11　　　　　我国各地区公共教育服务水平评价结果

地区	F	排名
北京	11. 70311	1
天津	10. 42688	3
河北	9. 170843	18
山西	9. 466791	9
内蒙古	9. 450991	10
辽宁	9. 683489	4
吉林	9. 513016	8
黑龙江	9. 388427	12
上海	10. 89373	2
江苏	9. 574619	5
浙江	9. 221049	15
安徽	8. 944351	23
福建	9. 119568	21

地区	F	排名
江西	8.941221	24
山东	9.315714	14
河南	9.140384	19
湖北	9.540722	7
湖南	9.213466	17
广东	9.437124	11
广西	8.770142	27
海南	9.347091	13
重庆	8.986083	22
四川	8.732257	28
贵州	8.275365	29
云南	8.240314	30
西藏	8.01999	31
陕西	9.566979	6
甘肃	8.918814	25
青海	8.821756	26
宁夏	9.140322	20
新疆	9.214577	16

由表 4-11 综合因子得分 F 可以看出，我国省际公共教育服务水平排名前五的省（市）分别是：北京、上海、天津、辽宁、江苏；排名后五位的省（区）分别是：广西、四川、贵州、云南、西藏。

从分析结果来看，2010 年，我国东部地区社会和经济较为发达，教育体制也越来越健全和完善，教育需求数量大、质量高，所以，政府对东部地区相应教育投入量大，教育水平较高。近几年，国家正加大对西部的投资力度，但西部地区的教育服务水平相对较低。总的来说，我国公共教育服务水平从高到低依次为：东部地区 > 中部地区 > 西部地区，这与实际情况相符。

为了揭示我国省际间公共教育服务水平的差异，运用 31 个省（区、市）的各因子得分绘制折线图 4-8。由此可以直观地看出，我国省际间公共教育服务水平差异较大。

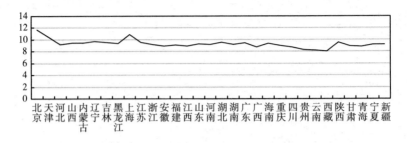

图 4-8　2010 年我国省际教育服务水平

4.6.4　社会保障服务

1. 指标体系的建立

基本社会保障服务体现政府对国民最基本生存权的保障程度，其服务对象主要是社会中的弱势群体。本节从城市低保、农村低保、城镇职工养老、农村养老四个方面对我国各省（区、市）社会保障水平的差异情况进行衡量。具体选取以下 9 个初始指标。

（1）城市低保指标。

城市低保服务的内容和目标是为城市无收入或低收入人群提供可以满足基本生活需要的资金援助，服务对象为城市人均收入低于当地低保线以下人群。城市居民最低生活保障，是政府对家庭年人均纯收入低于当地城镇居民最低生活保障标准的非农业常住户口城镇居民实行的救助。考虑目前各地区城市低保都已经达到了 100% 的覆盖率，这里不再把覆盖率作为评价指标。城市低保主要考察各地区最低生活保障水平，采用各地区城市最低生活保障标准与当地城市人均食品支出比较而得。

X_1：城市低保保障水平 ＝某地区人均城市低保水平÷城市人均食品支出。

（2）农村低保指标。

农村低保的服务内容和目标是为农村无收入或低收入人群提供可以满足基本生活需要的资金援助，服务对象为农村人均收入低于当地低保线以下人群。农村居民最低生活保障，是政府对家庭年人均纯收入低于当地最低生活保障标准的农村常住户口居民实行的救助。考虑目前各地区农村低保都已经达到了 100% 的覆盖率，不再把覆盖率作为评价指标，主要考察各地区的保障水平，即采用各地区农村最低生活保障标准与当地农村人均食品支出比较而得。

X_2：农村低保保障水平＝某地区人均农村低保水平÷农村人均食品支出。

（3）农村五保指标。

农村五保供养指为农村符合五保条件的人员在吃、穿、住、医、葬方面给予生活照顾和物质帮助。五保供养对象为老年、残疾或者未满 16 周岁村民，无劳动能力、无生活来源又无法定赡养、抚养、扶养义务人，或者其法定赡养、抚养、扶养义务人无赡养、抚养、扶养能力的农村居民。各地区农村五保户供养水平采用农村五保户集中供养水平、分散供养水平和集中供养比例 3 个分指标衡量。供养水平通过供养标准除以当地农村人均食品支出计算。

X_3：农村五保集中供养保障水平＝农村集中供养平均支出水平÷农村人均食品支出；

X_4：农村五保分散供养保障水平＝农村分散供养平均支出水平÷农村人均食品支出；

X_5：农村五保集中供养比例＝农村五保集中供养人数÷享受五保总人数。

（4）城镇职工养老。

城镇居民养老保障指为保障城镇老年居民基本生活提供养老保险和发放养老金服务。其服务对象为退休的城镇居民，参加养老保险的对象为所有城镇就业人员。各地区城镇养老公共服务水平采用城镇养老参保率和城镇养老金替代率两个指标衡量。

X_6：城镇养老保险参保率＝城镇企业职工基本养老保险人数÷城镇人口；

X_7：城镇养老金替代率＝城镇人均基金支出÷城镇单位就业人员平均工资。

（5）农村养老。

农村居民养老保障指国家为保障全体农村居民老年基本生活提供养老保险和发放养老金服务。其服务对象为老年农村居民，参加农村养老保险的对象为本行政区域内未满 60 周岁的农民、乡镇企业从业人员、农村籍义务兵、乡镇招聘干部等非城镇户口的农村各业人员。目前国家正在试点新型农村养老保险，参加新型农村养老保险对象为年满 16 周岁、非在校学生、未参加城镇职工基本养老保险的农村居民，年满 60 周岁且符合相关条件的参保农民可领取基本养老金。各地区农村养老公共服务水平采用农村养老参保率和农村养老金替代率两个指标衡量。

X_8：新农村养老保险参保率＝农村参保人数÷农村人口；

X_9：新农村养老金替代率＝农村人均基金支出÷人均纯收入。

2. 分项指标处理

在对以上指标进行分析之前，先对其进行预处理。根据专家打分法和因子分析法，将同一类别下的变量进行合并，用一组新的变量来表示基本社会保障服务的各个方面。具体情况见表 4 – 12。

表 4 –12　　　　　　　　　　　　变量预处理情况

处理后变量	处理方法	初始变量
Y_1		X_1
Y_2		X_2
Y_3	根据因子分析得出的综合因子得分表示新变量	X_3
		X_4
		X_5
Y_4	专家打分法：X_6、X_7 的权重分别为 70%、30%	X_6
		X_7
Y_5	专家打分法：X_8、X_9 的权重分别为 70%、30%	X_8
		X_9

农村五保指标 Y_3 的因子分析过程如下。

第一步，将 X_3、X_4、X_5 标准化，然后进行检验，发现 KMO 的值为 0.519，Bartlett 球形检验的 P 值为 0.019，适合做因子分析。

第二步，用标准化后的数据进行因子分析，从结果中可以看出：提取原始变量的信息超过了 75%。前两个主因子的方差贡献率为 84.48%。因此，我们选取前两个因子对农村五保指标进行描述。

第三步，根据各个因子得分计算农村五保水平的总因子得分，在下面的分析中用其表示农村五保指标 Y_3。

3. 综合指标分析

（1）因子分析。

为了进一步对基本社会保障服务水平进行分析，我们对 Y_1、Y_2、Y_3、Y_4、Y_5 进行因子分析。

第一步，为了避免多个指标量纲和数量级的影响，在进行相关性检验之前必须对数据进行标准化处理，将它们都转化为无量纲数据后进行因子分析。运行结果显示，KMO 相关性检验值为 0.667，Bartlett 球形检验的 P 值为 0.000，且简单相关系数大多大于 0.4，适合做因子分析。

第二步，用标准化后的数据进行因子分析，从结果中可以看出：提取的信息量基本超过 85%。具体数据见表 4 - 13。

表 4 - 13 变量共同度

因子	初始信息量	提取的信息量
Y_1	1.000	0.843
Y_2	1.000	0.856
Y_3	1.000	0.912
Y_4	1.000	0.986
Y_5	1.000	0.667

观察方差贡献率，发现前三个因子的累计贡献率达到了 85.29%，因此，前三个因子已经足够描述基本生活保障服务的总体水平。具体数据见表 4 - 14。

表 4 - 14 总方差解释

因子	初始特征值			绝对载荷			旋转后的绝对载荷		
	总方差	方差贡献率	累积方差贡献率	总方差	方差贡献率	累积方差贡献率	总方差	方差贡献率	累积方差贡献率
Y_1	2.399	47.978	47.978	2.399	47.978	47.978	1.995	39.891	39.891
Y_2	0.987	19.743	67.722	0.987	19.743	67.722	1.219	24.382	64.273
Y_3	0.878	17.57	85.292	0.878	17.57	85.292	1.051	21.019	85.292
Y_4	0.486	9.719	95.011						
Y_5	0.249	4.989	100						

第三步，由于未旋转的公共因子的实际意义不好解释，因此，对因子分析得到的公共因子进行方差最大化正交旋转，得出旋转后的因子负荷矩阵，见表 4 - 15。

表 4 - 15 旋转后的因子负荷矩阵

因子	F_1	F_2	F_3
Y_1	0.904	0.037	0.159
Y_2	0.918	0.111	0.030
Y_3	0.039	0.954	0.007
Y_4	0.131	0.058	0.983
Y_5	0.563	0.54	0.243

由表 4 - 15 可以看出：其一，第一个主因子 F_1 主要由 Y_1（城市低保保障水平）、Y_2（农村低保保障水平）这两个指标决定，衡量城市和农村最低保障水平指标。其二，第二个主因子 F_2 主要由 Y_3（农村五保）、Y_5（农村养老）决定，可以定义为农村养老综合水平指标。其三，第三个主因子 F_3 主要由 Y_4（城镇养老）所决定，可以定义为城镇养老水平指标。

第四步，根据因子得分表达式计算各个因子的得分，然后以各个因子的方差贡献率为权重，计算出总因子得分，排序之后得出我国各个地区不同方面的社会保障服务水平。表达为：$F = (39.89F_1 + 24.38F_2 + 21.01F_3)/85.292$，具体数据见表 4 - 16。

表 4 - 16　　　　　　　　　我国各地区社会保障水平评价结果

地区	F_1	排名	F_2	排名	F_3	排名	F	排名
北京	0.28826	12	1.56932	3	2.87417	2	1.29	2
天津	2.36067	1	0.42543	10	0.82808	4	1.43	1
河北	0.55822	8	-0.31672	19	0.21232	7	0.22	11
山西	1.02274	5	-0.0871	17	-0.47229	20	0.34	8
内蒙古	1.95924	2	-0.58098	21	-0.47078	19	0.63	4
辽宁	-0.36215	22	2.01586	1	-0.86655	28	0.19	12
吉林	0.04403	16	-0.1314	18	-0.97709	31	-0.26	21
黑龙江	0.62956	6	0.87629	6	-0.94288	29	0.31	9
上海	-0.90661	25	1.79211	2	0.12836	9	0.12	13
江苏	-0.32084	21	0.99421	5	-0.54609	25	0	17
浙江	0.6223	7	1.55842	4	-0.51418	24	0.61	5
安徽	-0.0063	18	-1.13897	27	-0.51409	23	-0.46	25
福建	-1.94424	30	-0.67039	23	-0.00022	12	-1.10	31
江西	-0.16987	19	-0.63047	22	-0.48665	21	-0.38	24
山东	0.23644	13	0.30721	13	0.10974	10	0.23	10
河南	0.0564	15	-0.54811	20	0.27876	6	-0.06	18
湖北	-0.53941	23	0.15787	15	-0.34219	16	-0.29	22
湖南	-1.44244	29	-0.72311	25	0.07205	11	-0.86	28
广东	-1.94976	31	0.73938	7	-0.94661	30	-0.93	29

续表

地区	F_1	排名	F_2	排名	F_3	排名	F	排名
广西	-1.01309	26	-1.16679	29	-0.49961	22	-0.93	30
海南	0.30792	11	0.316	12	-0.56775	26	0.09	15
重庆	-1.06761	28	0.331	11	3.31647	1	0.41	6
四川	-1.06081	27	0.58346	8	-0.12419	14	-0.36	23
贵州	-0.30786	20	-0.91681	26	-0.38442	17	-0.50	26
云南	-0.56225	24	-1.60103	30	-0.11866	13	-0.75	27
西藏	0.03762	17	-2.08821	31	1.78891	3	-0.14	20
陕西	1.37449	3	0.06453	16	0.1346	8	0.69	3
甘肃	0.49262	10	-0.69204	24	-0.46132	18	-0.08	19
青海	1.02764	4	-1.14801	28	-0.19288	15	0.10	14
宁夏	0.12144	14	0.54377	9	-0.66476	27	0.05	16
新疆	0.51366	9	0.16527	14	0.34974	5	0.37	7

从表 4-16 可以看出我国各个省（区、市）的基本社会保障综合水平排名。观察发现我国的社会保障水平存在一定的省际差异，且这种差距不仅存在于东、中、西部三大区域之间，也存在于区域内部。东部地区除了福建省、广东省以外，其余地区排名均比较靠前；中部的各个地区则相差不大，排名均比较集中；西部地区的排名基本靠后，但地区内部的社会保障水平存在一定的差距，陕西、内蒙古、重庆、新疆这两个地区排名比较靠前，不仅高于一般的中部、西部地区，甚至位于一些东部省份之上。

（2）基本社会保障服务水平的地区差异分析。

从 2010 年各地区基本社会保障服务的指数看，该指数在各地区间差异较大，因子综合得分的最小值为 -0.74，最大值为 1.23，均值很小接近于 0。具体的差异状况见图 4-9。

由图 4-9 可以看出，基本社会保障水平较高的省（区、市）依次是：天津、北京、陕西、内蒙古、浙江、重庆、新疆、山西、黑龙江，社会保障服务水平指数在 0.3 以上，属于第一层次；而山东、辽宁、河北、上海、青海、海南、宁夏、江苏这 8 个省（区、市）综合得分值大于 0 小于 3，属于社会保障服务水平的第二层次；剩下的地区则属于第三层次，其中得分最低的是福建省。可见，基本社会保障水平与经济发展水平之间具有相对独立性。应引起注意的是，西部的陕西、内蒙古、重庆、新疆的社会保障服务水平不但优于中部

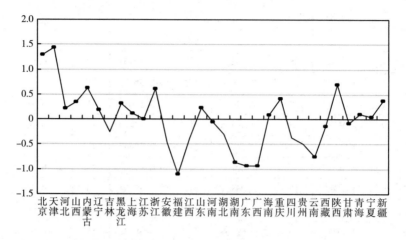

北京 天津 河北 山西 内蒙古 辽宁 吉林 黑龙江 上海 江苏 浙江 安徽 福建 江西 山东 河南 湖北 湖南 广东 广西 海南 重庆 四川 贵州 云南 西藏 陕西 甘肃 青海 宁夏 新疆

图 4 - 9　我国地区间基本社会保障服务水平综合得分

的多数省（区、市），而且还远远优于广东、福建等沿海省份。从实际经验看，社会保障水平的高低，与当地的就业状况、产业结构、社会保障制度改革进程，以及地方财政优先保障程度等因素有关。

4.6.5　公共服务水平的综合分析

为了分析我国各地区公共服务水平的差异，用我们选取的七大类指标进行因子分析。这七个指标是：X_1 公共基础设施服务水平；X_2 基本社会保障服务水平；X_3 公共医疗服务水平；X_4 公共文化水平；X_5 公共卫生水平；X_6 就业保障水平；X_7 公共教育服务水平。

第一步，为了避免多个指标量纲和数量级的影响，在进行相关性检验之前必须对数据进行标准化处理，将它们都转化为无量纲数据后进行因子分析。运行结果显示，KMO 相关性检验值为 0.863，Bartlett 球形检验的 P 值为 0.000，且简单相关系数大多大于 0.4，适合做因子分析。具体检验值见表 4 - 17。

表 4 - 17　　　　　　　　　　　　**KMO 和 Bartlett 球形检验结果**

KMO 值		0.863
Bartlett 检验	卡方值	188.259
	自由度	21
	P 值	0.000

第二步，用标准化后的数据进行因子分析，从结果中可以看到：提取的信息量全部超过80%。具体数据见表4-18。

表4-18 共同度检验结果

因子	初始值	提取信息量
X_1	1.000	0.830476
X_2	1.000	0.978237
X_3	1.000	0.916036
X_4	1.000	0.884325
X_5	1.000	0.879186
X_6	1.000	0.974062
X_7	1.000	0.905876

观察方差贡献率，发现前三个因子的累计贡献率达到了90.97%，因此，前三个因子已经足够描述基本公共服务的总体水平。具体数据见表4-19。

表4-19 总体方差检验表

因子	初始特征根			旋转后的绝对载荷		
	特征值	方差贡献率	累积方差贡献率	特征根	方差贡献率	累积方差贡献率
Y_1	4.85772	69.396	69.396	3.674663	52.49518	52.49518
Y_2	0.923445	13.19208	82.58808	1.373148	19.6164	72.11158
Y_3	0.587033	8.386186	90.97426	1.320388	18.86268	90.97426
Y_4	0.270375	3.862501	94.83676			
Y_5	0.164305	2.347219	97.18398			
Y_6	0.143749	2.053563	99.23755			
Y_7	0.053372	0.762454	100			

第三步，由于未旋转的公共因子的实际意义不好解释，因此，对因子分析得到的公共因子进行方差最大化正交旋转，得出旋转后的因子负荷矩阵（见表4-20）。

表4-20　　　　　　　　　　旋转后的因子负荷矩阵

因子	F_1	F_2	F_3
X_1	0.730598	0.519249	0.164569
X_2	0.236316	0.057136	0.958711
X_3	0.853094	0.220326	0.373795
X_4	0.905186	0.20208	0.155329
X_5	0.891876	0.271273	0.100769
X_6	0.269769	0.947613	0.057581
X_7	0.818349	0.198302	0.443687

由表4-20可以看出：其一，第一个主因子 F_1 主要由 X_1（公共基础设施）、X_3（公共医疗服务）、X_4（公共文化服务水平）、X_5（公共卫生水平）和 X_7（教育服务水平）表示，可以定义为基本公共服务水平的综合因子。其二，第二个主因子 F_2 主要由 X_6（就业保障水平）决定，可以定义为公共就业保障水平因子。其三，第三个主因子 F_3 主要由 X_2（基本社会保障服务水平）表示，它代表基本社会保障服务水平因子。

第四步，根据因子得分表达式计算各个因子的得分，然后以各个因子的方差贡献率为权重，计算出公共服务水平的总因子得分，排序之后得出我国各个地区的公共服务水平差距情况。计算总得分的表达式为：$F = (52.49F_1 + 19.61F_2 + 18.86F_3)/90.97$，具体数据见表4-21。

表4-21　　　　　　　　　　各地区综合得分及排名

地区	F_1	排名	F_2	排名	F_3	排名	F	排名
北京	1.5305	2	3.12846	1	1.97939	2	1.97	1
天津	1.12489	3	-0.8144	26	2.13192	1	0.92	3
河北	0.25132	13	-0.42143	19	0.13912	14	0.08	10
山西	0.18574	14	-1.31232	30	0.67772	7	-0.04	14
内蒙古	-0.13584	17	-1.18209	28	1.12589	4	-0.1	17
辽宁	0.93068	4	-0.55641	24	0.07655	16	0.43	6
吉林	0.74945	7	-1.24633	29	-0.48684	21	0.06	11
黑龙江	0.31348	11	-1.31733	31	0.4776	10	0	13
上海	3.04506	1	-0.77673	25	-0.27714	19	1.53	2
江苏	0.81106	6	1.23007	4	-0.49356	22	0.63	4

续表

地区	F_1	排名	F_2	排名	F_3	排名	F	排名
浙江	0.30759	12	1.52163	3	0.513	9	0.61	5
安徽	-0.54347	23	0.43962	8	-0.60455	24	-0.34	24
福建	0.82193	5	0.27585	12	-2.16901	31	0.08	9
江西	-0.01995	15	-0.50033	21	-0.75391	26	-0.28	21
山东	0.53828	8	0.33503	11	0.03666	18	0.39	7
河南	-0.62731	24	0.36949	10	0.0552	17	-0.27	20
湖北	0.49326	9	-1.06359	27	-0.50739	23	-0.05	15
湖南	-0.08969	16	-0.54216	22	-1.17708	27	-0.41	25
广东	0.47166	10	1.93848	2	-1.76537	30	0.32	8
广西	-0.317	20	-0.00601	15	-1.42861	29	-0.48	26
海南	-0.39297	21	-0.46541	20	0.42641	11	-0.24	19
重庆	-0.82668	27	0.54942	7	0.76716	6	-0.2	18
四川	-0.16692	18	-0.41463	18	-0.67208	25	-0.33	23
贵州	-1.84635	30	0.62333	6	-0.36977	20	-1.01	30
云南	-0.71567	25	0.00627	14	-1.24097	28	-0.67	29
西藏	-1.94926	31	-0.39581	17	0.29856	12	-1.15	31
陕西	-0.51511	22	0.15606	13	1.31756	3	0.01	12
甘肃	-0.93482	28	-0.13525	16	0.16102	13	-0.54	27
青海	-1.45898	29	0.72843	5	0.58665	8	-0.56	28
宁夏	-0.28681	19	0.39872	9	0.08416	15	-0.06	16
新疆	-0.74806	26	-0.5506	23	1.09171	5	-0.32	22

从表 4-21 可以看出我国各个省（区、市）的公共服务综合水平排名。观察发现我国的基本公共服务综合水平存在一定的省际差异，且这种差距很明显的存在于东、中、西部地区之间。北京、上海、天津的排名最高，可见这些地区在公共服务综合方面表现较好；而青海、贵州、西藏这几个地区的排名最低。

从 2010 年各地区公共服务的指数看，该指数在各地区间差异较大，因子综合得分的最小值为 -1.15，最大值为 1.97。具体的差异状况见图 4-10。

由图 4-10 可以看出，北京、上海、天津、浙江、江苏这 5 个东部地区，公共服务水平的指数在 0.6 以上，属于第一层次；而湖南、广西、甘肃、云南、贵州、西藏 6 个地区在基本公共服务水平较差，综合得分值小于 -0.4，

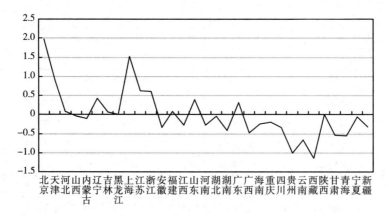

图 4 – 10 我国地区间基本公共服务水平综合得分

属于第三层次，其中得分最低的地区为西藏；剩下的则属于第二层次，这个层次的地区综合得分在 – 0.4 和 0.4 之间。可见，基本公共服务水平与经济发展水平之间具有较强的相关性，经济发展水平高的东部地区，公共服务水平排名比较靠前；而中部地区也有一些排名靠后的省（区、市），如排 25 名的湖南省；西部地区的省（区、市）综合排名大多靠后。

第5章

促进区域均衡发展的现实意义

我国是一个幅员辽阔、人口众多的发展中大国，各地区的自然、经济、社会条件差异显著，从市场经济的运行规律看，区域发展不平衡是我国基本国情，而且将长期存在。促进区域协调发展，通过政府再分配手段促进区域均衡发展，不仅是市场经济国家的普遍做法，更是我国社会主义市场经济条件下区域经济发展模式的必然选择，具有较强的经济意义、社会意义、政治意义和生态意义，关系到中华民族的长远发展。

5.1 经济意义

改革开放以来，我国经济社会取得了令人瞩目的巨大成就，最突出的表现是国民经济持续40年的高速增长，创造了人类现代经济发展史上的奇迹。国民经济是一个有机整体，各地区之间、各产业之间都存在有机联系和相互依存的关系，只有缩小地区差距，统筹区域、行业经济协调发展，才能为今后20～50年国民经济的稳定健康发展提供必要保障，为不断提高综合国力创造条件。相反，不同区域经济发展的过度失调会对政权稳定和社会发展造成不良影响。经济发展不能成为扩大地区差距的理由，而应该是缩小地区差距的结果。

5.1.1 能源资源的地理分布要求区域均衡发展

我国地区间的水、土地和其他能矿资源的空间分布很不均衡，各地生态环境的承载能力相差悬殊。东北部和西部储藏着丰富的煤炭资源，西南地区水电资源丰富，但工业、制造业大都分布在东部。西煤东运、西电东送、南水北调、北煤南运、西气东输等资源的大转移，消耗了巨大成本。我国许多地区已经出现了严重的水荒、电荒和能源短缺的问题，为区域协调发展敲响了警钟。

要解决上述问题，只能调整经济发展方式和区域经济布局，东部地区削减能耗高、耗水多的产业，减少大跨度地调动资源，引导工业向中西部地区转移。如果不调整东部地区只集聚经济、不集中人口的政策，东部地区的发展迟早会超出环境和资源的承载能力，从而影响国民经济整体发展。

对于东部地区来说，东业西移是经济结构调整和产业升级的一次机遇和重要路径。从地区间的比较利益来看，东部地区由于工业化进程较早、较快，因而已取得了相对于中西部地区的规模经济优势。国内买方市场形成后，东部地区必须进行产业升级以求得更大的发展。

按照迈克尔·波特的中小企业集群理论，西部地区可以通过不需要过多投资的中小企业进行工业化，参与全国工业化分工循环。在中西部地区建立几个国家级特别工业区作为区域型增长极，以点带面，以线穿点，起到示范效应，促使东部地区产业向中西部地区迁移。同时，还要加快中西部地区的市场化改革进程，推动中西部地区的政府职能转变。

5.1.2　实现全面建设现代化社会的目标需要区域协调发展

21 世纪我国要全面实现现代化目标，而现代市场经济要求形成和完善全国统一市场，只有促进区域经济协调发展，才有可能逐步消除区域市场分割的障碍。中西部地区占我国国土总面积的 91%，拥有全国 66% 的人口，国内生产总值占全国国内生产总值的 47%，具有广阔的市场空间。全国 592 个贫困县中绝大部分分布在中、西部，其中，西部就有 307 个。根据国家统计局《中国农村贫困监测报告（2016）》，2015 年东部贫困率为 1.8%、中部为 6.2%、西部为 10%。可以说，没有中、西部的现代化，就谈不上全国的现代化；没有中西部的小康，全国的小康就难以巩固。

随着经济全球化进程的加快，信息时代已经根本改变了传统的空间布局，空间距离已经不再是不可逾越的障碍。我国东部工业基础较好，交通便利，得改革开放之先，率先发展。经过 40 年的发展后，特别是 1998 年亚洲金融危机之后，东部地区的进一步发展越来越受到市场、资源、环境等各方面的制约，如水荒、电荒、土地供给不足、劳动力成本增加、生产过剩等，迫切需要"腾笼换鸟"，进行经济结构调整和产业升级。将东部地区的劳动力密集型产业向中西部进行大规模的转移，不仅有利于促进东部地区的产业升级、推动中西部地区的经济发展、缩小地区经济发展的差距，而且有利于减轻劳动力跨地区流动的压力，减轻东部地区用水、用电、用地、环境污染、基础设施等方面的压力。

5.1.3　促进区域均衡发展的时机已经成熟

综观世界各国，只有中国、美国和俄罗斯由于面积大、人口多、市场空间广阔，经济循环可以自成一体。因此，在经济全球化趋势发展中，不仅要提高东部区域的国际竞争能力，还要提高中、西部区域的国际竞争能力，这是我国的优势。

我国中西部地域广阔，自然资源丰富，劳动力资源众多，特别是一些老工业基地还有一批 40～50 岁的产业工人队伍，技术力量较为雄厚，基础设施逐步健全，为东部产业转移提供了较大的空间，也是一个巨大的潜在市场。从产业梯度转移理论看，加快东部地区产业转移，促进中西部地区发展，可以促进各种资源的合理配置和流动，为国民经济发展提供广阔的空间和巨大的推动力量。

2000 年以来，随着西部大开发、振兴东北老工业基地和促进中部崛起等区域均衡发展战略的实施，中央财政增加了对中西部地区基础设施和基本公共服务领域的投入，为中西部地区的快速发展奠定了基础。近 10 年来，中、西部地区 GDP 增幅明显超过东部地区。因此，在全新的对外开放环境下，中、西部地区通过挖掘当地比较优势，发展特色经济，依靠政策杠杆，就能够促进经济快速发展，融入国内和国际统一市场，走出低水平均衡陷阱和贫困的恶性循环。

为了缩小与东部地区的差距，中西部地区有很高的发展热情，希望通过招商引资，全面实施赶超战略，带动当地百姓发财致富。同时，现行财政体制和政绩考核有力地调动了地方政府发展经济的积极性，尽管有一些认识上的偏差和不合理的导向，但地方全力加速工业化进程，扩大经济和财政收入总量的态势不可阻挡。正如经济学家张五常所言，广泛和强有力的县域竞争推动了我国经济长期的高速增长。

5.1.4　地区差距扩大不是经济增长的必要条件

地区间差距问题，需要通过经济增长来解决，但经济增长不一定会带来地区差距的扩大。最近的诸多研究表明，效率和公平不是"零和游戏"，不平等与经济增长呈负相关的关系。只有将二者推向极端的时候，公平和效率才会形成对立。通过合理的制度安排，二者可以达到相容并互相促进。在缩小地区差距的同时，可以提高经济的总体效率。相反，地区间差距大的国家经济增长速度比差距小的国家要低很多。

各国历史经验证明，只有公平的增长才会带来持续的经济增长和社会稳定，不公平的增长则往往带来社会不稳定甚至社会动荡。没有社会公正，企图用其他方式实现长治久安无异于缘木求鱼。就此，亚洲银行提出了"包容性增长"的概念。其基本含义是倡导一种机会平等的增长，公平合理地分享经济增长成果。如果说社会收入分配差距主要是由于个人的智力、能力、机遇、努力程度、家庭财富积累等一系列因素形成的，但只要政府能够保证每个公民都能够享受国家提供的义务教育、医疗卫生、社会保障等基本公共服务，使每个人起点公平、机会均等、都有通过个人努力而上升的通道，只要社会各阶层对未来不丧失希望，这样的社会就在公民可容忍的区间内。

同时，我们必须正视经济增长缓慢甚至出现经济衰退的可能性。早在100多年前，托克维尔就注意到，社会大动荡往往不是发生在经济长期停滞的地方，而是发生在经历了经济增长的地方。依他的观察，最可能发生动荡的时刻是经济停止增长、开始下滑的那个拐点。法国革命正是发生在这样一个时刻。后来，研究革命和动荡的学者把与托克维尔类似的观点称为倒"J"假设。20世纪末，印度尼西亚也似乎证明了倒"J"假设。

5.2　社会意义

提高全国人民的福利，是提高国民经济总体效率的最终目标。市场机制既是经济增长和经济发展的加速器，也是社会变迁和社会分化的发动机。经济发展是解决社会问题的必要条件，但不是充分条件，发展应该以人的发展为核心，发展过程应该同时是经济增长、产业结构升级、消除贫困、扩大就业、改善分配、提高收入的过程，这样的发展，才能解决社会的问题。社会利益是一个正直的经济学者选择立场的原则，也是评判立场正确与否的最后标准。经济发展的最终目的是为人的发展提供服务，因此，逐步缩小地区间差距或者把地区间差距扩大幅度控制在一定限度内，让各地群众都分享到改革开放和经济增长的成果，有利于凝聚人心，维护社会稳定和国家的长治久安。

5.2.1　经济发展与社会发展相辅相成

只有经济发展到一定水平，才能为社会发展提供丰富的物质基础财富；社会发展是经济发展的最终目标，也为经济发展提供良好的公共环境和智力支持。二者相辅相成。近年来，随着经济发展水平的迅速提高，人民群众对精神文化、健康安全、教育水平等方面的需求也日益提高，更加要求分享改革开放的成果。此外，如果社会事业发展出现短板，尤其是教育、卫生、社会保障等社会事业欠账太多，不仅影响社会稳定，还会给我国经济发展和扩大内需"拖后腿"。按照以人为本的理念，政府提供均等化的义务教育、卫生医疗和社会保障等公共服务，不仅有利于提高落后地区公民的福祉，为落后地区经济和社会发展提供动力源，也会为发达地区提供高素质的人力资源，解除后顾之忧。

5.2.2　公共服务差距不容忽视

从1978年开始到20世纪90年代初期，我国经济体制改革的指导思想是"效率优先、兼顾公平"。当时地区间差距并不突出。而从1992年起，我国城乡和地区差距开始超过1978年的水平。此后，地区间差距急剧扩大，尤其是东南沿海与中西部之间的差距大幅攀升，达到了前所未有的程度。如上海的小学生生均义务教育经费是河南的10倍；上海、北京、天津的人均基本医疗保险支出是江西、贵州、河南的4~5倍。2008年中国总体的基尼系数已从20世纪80年代的不到0.3迅速上升到0.49，此后虽然有下降趋势，但2015年仍为0.45，按照国际标准，属于差距较大的区间。

国家统计局发布的《中国全面建设小康社会进程统计监测报告（2011）》显示，2000~2010年四大区域之间小康社会的实现程度均有明显提升，但在经济发展、生活质量和社会和谐等方面存在较大差别（见表5-1）。东部地区遥遥领先，2010 年实现程度为 88%，比 2000 年提高 23.7 个百分点；东北地区为 82.3%，提高 22 个百分点，略高于全国平均水平，但比东部地区滞后 2~3 年；中部地区为 77.7%，提高 22.1 个百分点，比全国平均水平低 2.4 个百分点，比东北地区滞后 2 年，比东部地区滞后 4~5 年；西部地区为 71.4%，提高 18.2 个百分点，低于全国平均水平 8.7 个百分点，比中部地区、东北地区和东部地区分别滞后 2~3 年、4~5 年、6~7 年。从十年来的年均增长速度来看，东部地区增幅最高，中部地区次之，西部地区最低。

表 5-1   2000~2010 年中国四大区域全面建设小康社会实现程度   单位:%

区域	2000 年	2001 年	2002 年	2003 年	2004 年	2005 年	2006 年	2007 年	2008 年	2009 年	2010 年
东部地区	64.3	66.5	69.0	70.5	72.4	75.1	78.1	81.4	83.5	86.0	88.0
中部地区	55.6	57.9	58.8	60.3	62.1	64.1	67.0	70.6	72.7	75.6	77.7
西部地区	53.2	54.2	55.1	56.1	56.9	59.2	61.0	64.4	66.2	68.9	71.4
东北地区	60.3	62.0	63.9	66.0	67.6	69.2	72.2	74.9	77.5	80.5	82.3

资料来源：《中国全面建设小康社会进程统计监测报告（2011）》。

5.2.3 社会主义本质的要求

尽管改革开放之初，邓小平同志曾鼓励一部分人先富起来、一部分地区先富起来，但他也曾讲，"社会主义的目的就是全国人民共同富裕，不是两极分化。如果我们的政策导致两极分化，我们就失败了"。他还警告过，"如果搞两极分化……民族矛盾、区域矛盾、阶级矛盾都会发生，相应的中央和地方的矛盾也会发生，就可能出乱子"。社会主义制度是追求平等的制度。中国政府坚持社会主义市场经济的政治经济体制，中国共产党是无产阶级政党，执政理念是全心全意为人民服务。如果不把追求平等当作政府的执政目标，社会主义制度的优越性如何体现？阿马蒂亚·森认为："虽然现实的社会主义制度存在着种种政治和经济的弊端，但是社会主义所追求的目标仍然像半个世纪前一样吸引着人们。"

我国政府一直遵循"取之于民、用之于民"的理财原则，使财政资金为民谋福利是党和政府的一贯宗旨。2011 年全国人民代表大会期间，温家宝多次提到，一个真正的经济学同高尚的伦理学是不可分割的，中国的现代化建设不仅要经济发达，而且要实现社会公平和正义，促进人的全面和自由发展。老百姓的心态始终是中国社会稳定的"晴雨表"，提高老百姓的福祉，使各民族、各地区的老百姓都享受到经济增长的成果和基本公共服务，才能让一个统一的、稳定的、繁荣的、民主的中国永远屹立于世界的东方。

5.3 政治意义

马克思列宁主义认为，人类的各种矛盾冲突，根本上是利益冲突。从国际经验看，地区间经济发展不平衡是民族问题产生的经济根源。促进区域协调发展，走好全国"一盘棋"，不仅是局部问题，更是全局问题；不仅是紧迫的经济问题，更是重大的政治问题。我国之所以还存在各种民族矛盾和问题，主要原因也是各民族之间的物质利益差别。英国等许多国家经验均表明，一旦落后地区长期得不到上级政府强有力的财政援助，难以改善经济与公共服务状况，会使这些地区产生离心倾向。

5.3.1 我国少数民族人口众多、分布广阔

我国是个多民族国家，汉族人口约占总人口的91%，少数民族人口约占总人口的9%。汉族集中居住地区占全国面积不到一半，集中居住在全国的核心地区；少数民族聚居地区约占全国国土面积的 50% ~ 60%，主要位于边境地区，如内蒙古、新疆、宁夏、青海、西藏、广西、云南，其中有 20 多个少数民族与境外同一民族跨国界而居。这与俄罗斯、美国、印度等国的情况不太一样。

中华人民共和国成立后，特别是改革开放以来，随着西部大开发政策的实施，中央对民族地区扶持力度大幅提高，少数民族经济社会发展水平实现了跨越式发展，取得了举世瞩目的成就。但由于自然条件、市场发育程度、思想观念等多方面原因，民族地区经济社会发展仍然存在着一些突出的问题和矛盾。例如，2009 年民族自治县的农村贫困人口占全国农村贫困人口的比重为 54.3%，比上年上升 1.8 个百分点；贫困发生率为 16.4%，比全国同期高出 12.8 个百分点。民族自治县近 90% 的劳动力为初中及初中以下文

化，近 1/3 的少数民族群众不懂汉语，劳动力受教育水平低，专业技术人才严重缺乏。

新疆面临的挑战

新疆地域辽阔、资源丰富，具有对外开放的地域优势，具有发展现代工业、特色农业的独特优势，具有承接沿海地区产业战略转移的巨大空间，具有成为西部经济强区的发展壮大的力量源泉。要引导群众干部认识中华民族多元一体格局。2016 年新疆人均地区生产总值 40427 元，是全国平均水平的 72%；城镇居民人均可支配收入 28463 元，是全国平均水平的 85%；农牧民人均纯收入 10183 元，是全国平均水平的 82%。特别是南疆三地州经济社会发展水平同全疆经济社会发展水平存在较大差距，2016 年南疆三地州人均地区生产总值只有全疆的 35%。改革开放 40 年来，新疆各族群众生活水平有了很大提高，但与东部地区的差距不断拉大，甚至落后于西部平均水平。此外，中亚部分国家实行能源富国战略，经济发展较快，对新疆的发展也形成挑战。在这种新形势下，政治问题与经济问题相互影响，民族问题与宗教问题紧密交织，新疆工作面临的形势更趋复杂。"边疆强则中国安"。要实现新疆的长治久安，就必须加快推进新疆经济社会发展，以发展促稳定，以稳定保发展，这是中央的基本治疆理念，也是被历史所证明的成功经验。只有解决好新疆各族群众的生活问题，才能更好地凝聚民心，打牢维护新疆民族团结、社会稳定、边疆巩固的根基；才能发挥民力，为新疆经济社会发展提供持久动力。新疆地域辽阔，山高路险，戈壁重重，交通困难。古人说，新疆深沟重堑，天险之地，不患不能守，而患其不能通，通则富，不通则贫。加快民族地区发展，最终实现各族人民共同富裕，是党的民族政策的根本出发点和归宿，是我国社会主义制度的本质要求。新疆要稳定，必须加快发展，但发展并不会必然带来稳定。内地的发展和稳定凝聚着新疆的贡献。内地支持新疆的发展和稳定，也是拓宽我国经济发展空间、发展全方位对外开放格局、维护国家统一的需要。

资料来源：《新疆统计年鉴 2017》。

5.3.2　贫困面大、贫困人口多

改革开放 40 年来，随着经济的快速发展和大规模减贫，我国贫困人口迅速减少。按照每天 1.9 美元的国际贫困线（"基本温饱水平"，极端贫困标准，按购买力平价折算 2011 年美元），从 1981 年到 2013 年，我国贫困人口比例从 88.3% 下降为 1.9%，贫困人口数量从 8.78 亿人下降为 2511 万人，尽管如此，我国贫困面依然较大，2013 年贫困人口数量仍居世界第四位，约占世界贫困人口的 3.3%。[①] 如果按照每天 3.1 美元的标准（"稳定温饱水平"，高贫困标准），2013 年有 1.25 亿人属于容易陷入贫困的脆弱人口。无论是地区差距、城乡差距，还是个人收入分配的差距，天平的另一端基本上都是老、少、边、穷地区，这些地区贫困最集中。目前，我国集中连片的贫困区大多分布在中西部的深山、石山、高寒、黄土高原和地方病高发区。这些贫困区地处偏远，交通闭塞，生态脆弱，自然条件恶劣，少数民族比重高，经济发展水平低，贫困面很大，文教卫生事业发展滞后，就业形势严峻，生态环境破坏严重，与东部地区的绝对差距不断扩大。根据国家统计局《中国农村贫困监测报告（2015）》，西部地区的农村贫困人口占全国的一半以上，远高于其总人口占全国的比重。

上述连片的贫困地区大致分为两大片：一片是"三西"，包括甘肃中部的河西、定西、宁夏的西海固，位于黄土高原干旱区，面积 38 万平方千米；另一片位于滇、桂、黔喀斯特地貌区，面积 45 万平方千米。此外，秦巴山区、武陵山区、大兴安岭南麓山区、燕山—太行山区、吕梁山区、大别山区、罗霄山区等也是我国特困地区。在中央转移支付政策大力支持和当地人民艰苦努力的情况下，上述贫困地区的城镇基础设施和公共服务条件已经发生了较大改观，绝大部分贫困人口摆脱了"家无隔夜粮，身无御寒衣"的境地，但贫困的问题仍未得到有效解决。按照每人每天 1 美元收入的联合国标准，贵州有贫困人口 1600 多万人，约占全省总人口的 40%。

---

① 资料来源：历年《中国统计年鉴》。

贵州的贫困问题

贵州是全国唯一没有平原支撑的省份，山地和丘陵占全省面积的92.5%，土地破碎，石漠化严重，地表起伏度（地表面积与其投影响面积的比值）为1.18，高于周边所有省份。贫困人口、农村人口和少数民族人口占比大，分别居全国第一位、第二位和第三位，且居住分散。山体滑坡、泥石流、洪涝、干旱、冻雨等自然灾害频发，近年来多次出现低温雨雪冰冻灾害。受这些特殊的自然、地理和气候等因素的影响，贵州工农业生产水平低，基础设施建设和维护、社会管理、行政运行及基本公共服务的单位成本高。同时，贵州还是我国石漠化面积最大、等级最齐、程度最深、危害最重的省份，岩溶面积10.91万平方公里，占全省面积的61.92%，石漠化严重制约了该省经济社会发展。

资料来源：《贵州统计年鉴》。

"十三五"期间，我国中央和省级政府将进一步加大投入和支持力度，明显增加低收入者收入，进一步减少贫困人口总量，努力实现居民收入增长和经济发展同步、劳动报酬增长和劳动生产率提高同步。特别是加强对跨省片区规划的指导和协调，集中力量，分批实施，加快解决集中连片特殊困难地区的贫困问题，有序开展移民扶贫，合理配置公共资源，加快缩小公共服务方面的差距。

5.3.3 新时期资源开采引发矛盾

近年来，在西部大开发过程中，西部少数民族地区矿产资源、水利资源开发力度逐年加快，在某种程度上"西部大开发"实际上成了"资源大开发"，各级政府忙于探矿、采矿，急于发现大矿藏，希望"一夜暴富"。参与大开发的主体具有多元性。由于资金、技术、人才、开发项目等主导权大多集中在大型国有企业和东部有经济实力的民营企业，而国土和资源却大都分布在少数民族聚居的地区，资源开发的长远目标和企业开采的短期目标，国家利益、企业利益与当地百姓的切身利益之间存在着矛盾。近年来，内蒙古鄂尔多斯、陕西神木等地少部分人都通过资源开采迅速致富，政府财力大为增强，但生态环境治理压力加大，环境恶化态势加剧，遗留的问题不容忽视。

在经济利益最大化的驱动下，如果相关补偿不到位，资源开发地区的居民特别是少数民族（本身是弱小群体，更敏感），感觉到利益没有得到保障，生态环境严重遭到破坏，群体性纠纷事件经常发生。特别是新疆等少数地区受境外反动势力蛊惑，"汉族掠夺资源论"不绝于耳，这种由于利益关系和利益调整而引起的社会矛盾，必然会反映到民族关系和社会稳定上来，处理不当就会影响我国政权稳定。

《国务院实施〈中华人民共和国民族区域自治法〉若干规定》中第八条规定：国家加快建立生态补偿机制，根据开发者付费、受益者补偿、破坏者赔偿的原则，从国家、区域、产业三个层面，通过财政转移支付、项目支持等措施，对在野生动植物保护和自然保护区建设等生态环境保护方面做出贡献的民族自治地方，给予合理补偿。党的十六届五中全会、十七大、十七届五中全会、十八大、十八届三中全会都对加快建立生态补偿机制，完善生态补偿措施，促进经济社会可持续发展提出了新要求。进一步理顺资源产品价格，完善生态补偿机制，有利于国家生态安全、社会稳定，有利于缩小地区间差距。

5.4　环境保护意义

我国生态环境先天不足，并非优越。过去 40 年来，我国是在人口基数大、人均资源少、经济科技水平都比较低的条件下实现经济快速增长的。按照现在的经济发展模式，在 21 世纪的发展中必将面临严重的资源短缺的"瓶颈"制约和生态环境总体恶化的压力。在这种情况下，必须从整个经济社会实现可持续发展的战略高度，协调不同区域的经济活动，保护自然资源和改善生态环境。

5.4.1　地区差距越大，生态环境破坏越严重

发达地区要发挥比较优势，继续领先；不发达地区要通过赶超战略，加快发展赶超。这种各地都要大开发、大发展的倾向，都是以环境污染和破坏生态

为代价的，导致我国生态系统的整体功能退化，越来越多的区域成了不适宜人类生存的空间；由于一些地区超出资源环境承载能力的过度开发，导致开发强度过高、水资源短缺、绿色空间锐减、环境污染加剧。物质产品生产能力快速增长伴随的是提供优质生态产品能力迅速下降，在相当程度上抵消了经济快速增长带来的生活水平的提高。生态环境作为加快发展的"天棚"，已经不再让我们毫无顾忌地加快发展了。

地区差距扩大到一定程度，往往会造成一些意想不到的后果，如欠发达地区迫于生存压力和生产力水平低下，人们在封闭和保守中，在传统生产方式和技术水平下，只能选择对自然和生态简单的掠夺方式维持生计，造成对资源的过度开采和生态环境破坏等。这种经济发展模式不仅难以解决贫困问题，生态环境付出的代价也是难以估量的。

5.4.2　经济、社会、生态三者综合平衡

实际上，人民群众的需要包括两个方面：一方面是我们已经认识到的物质文化产品的需要；另一方面是我们还没认识到的对清洁水源、清新空气、绿色空间、惬意环境的需求。欠发达地区大都存在经济、社会、资源、环境、少数民族聚集等问题交织在一起的状况，形成了不同程度的相互影响。而且往往是不同的类型区在空间上出现重叠，如生态脆弱地区一般也是欠发达地区，老工业基地和资源枯竭城市失业率高、生态破坏严重，更增加了解决上述问题的艰巨性和复杂性。要实现我国经济社会可持续发展，经济效益、社会效益、生态效益三者之间需统筹规划、综合平衡。不能厚此薄彼，简单的经济第一，而将社会效益和生态效益放在第二位或第三位。以人为本，不仅要以当代人为本，还要以后代人为本，考虑代际公平。

英国经济学家马尔萨斯最早指出，日益增大的自然资源消耗将无法满足指数化增长的人口需求，并将会束缚经济增长。在罗马俱乐部报告《增长的极限》一文中，不仅关注食品危机，而且关注因经济活动指数化增长引起资源过度开发和浪费所造成的自然资源枯竭和环境恶化的危机。我们必须注意到，环境和资源不是我们这一代人所独有的，环境是我们跟子孙后代共有的，资源是我们跟子孙后代共享的，一定要把环境资源问题提到重要的日程上来，根本上是人跟自然的和谐相处。

库兹涅茨的倒"U"型曲线指出，随着人均收入的继续增长，技术和制度将得到改进，环境污染最终会开始下降。有关研究表明，主要污染物在人均收入达到 4000 美元的门槛时开始下降，大多数其他污染在人均收入达到 8000 美元左右时开始下降。然而，我国人口的现实不会容忍环境在达到高收入水平前一直恶化下去。无论是农村还是城市，遭受环境恶化危害的首先是穷人，因为穷人很难异地迁移。如果环境恶化和收入分配不平等结合在一起，就将严重损害社会和政治稳定。因此，包括我国在内的众多发展中国家要实现持续的经济增长，降低收入分配和环境的倒"U"型曲线的峰值是尤其重要的。

5.4.3　公共服务均等化有利于生态环境保护

在开发自然、利用自然中，人类不能凌驾于自然之上，人类的行为方向应该与自然的规律相适应。21 世纪第二个十年，无论中国还是世界，均处于经济发展方式重大转变的十字路口。我国迫切需要改变现有以资源消耗和环境破坏为代价的增长模式，实现绿色增长。所谓"绿色增长"，是指低碳环保的绿色产业所驱动的经济增长模式。对西部地区来说，要通过市场手段、政府引导的方式，把以资源为基础的农业、采矿业转换成以科学和技术为基础的农业和矿产资源深加工，实现绿色增长；通过农林复合经营和耕地与草地互补性利用、矿区整治、回填等措施，提高环境脆弱地区的生产率和环境保护。

我们应该清醒地认识到，居住和生活在国家重点生态功能区的人民也有发展权，也有谋求过上美好生活的权利，只不过是通过生态产品和修复自然的方式提供。生态产品也是有价值的，在其外部性无法量化和切割的时候，政府应是最大的"买家"。除了政策"输血"外，还要增强欠发达地区的"造血"功能，但不能超出当地资源环境的承载能力。如果这些地区的经济规模上去了，与发达地区 GDP 的差距缩小了，但生态环境恶化了，不能提供生态产品了，那就不是科学发展了。

要想制止由于非科学发展造成的生态环境恶化，按照《全国主体功能区规划》的要求，政府对环境脆弱地区的资源利用进行调控，加大转移支付力度，推进基本公共服务均等化就是必然选择。例如，实行耕地保护、退耕还林、退耕还草等措施，不仅要安排管护经费，还要发放粮食补贴；实行生态移民，就必须让移民稳得住、能致富，并提供免费的义务教育、公共医疗、最低生活保障和养老等基本公共服务。

第6章

缩小地区差距的战略和趋势分析

区域发展不平衡是大国发展过程中的普遍规律，我国地区贫富差距历史久远。从国内外的经验来看，区域均衡发展是相对的，不均衡则是常态的，各区域经济正是在均衡与非均衡中不断发展的。中华人民共和国成立以来，我国一直没有停止过对区域协调发展道路的探索，但日益扩大的地区差距，已经成为我国成功崛起不可跨越的一道坎，也是我国现代化建设中的一项战略任务。地区差距的扩大不但会阻碍国家整体经济实力的进一步提升，而且会影响社会的繁荣和稳定。因而，缩小地区差距，实现区域经济协调发展，已成为当前我国政府谋求解决的重大历史性课题，可谓机遇和挑战并存。按照科学发展观的要求，今后20年，我国在促进区域协调发展、缩小地区差距方面必须有统一的认识、明确的目标、全方位的政策和强有力的执行措施。

6.1 中国地区差距趋势判断

为更好地思考今后我国区域发展的战略，首先要对未来地区间经济发展趋势做出较为准确的判断。

6.1.1 面临的挑战——经济发展水平差距难以缩小

1820年我国的经济总量为世界第一，比欧洲高20%，占全球GDP的1/3。此后的两个世纪充满变数，1820~1950年我国经济经历了灾难性的衰退，1978年以来又经历了飞速的上升，上演了史无前例的增长奇迹，我国40年的增长速度相当于西方国家130~140年的发展成就，中国经济总规模从世界第十位跃居第二位。从人均收入看，按照世界银行的标准，中国已经由下中等收入国家进入上中等收入国家（人均 GDP 3800～11000 美元）的门槛。随着经济总规模的不断扩大，广大群众对医疗、教育、社会保障、环境质量等公共产品和公共服务的需求不断提升。

通过对未来区域经济发展的展望，我们发现，区位优势、经济社会基础和人文环境等导致地区差距扩大的要素条件将继续存在。东部地区是我国具有区位优势的地区，经过 40 年的改革开放，已经建立了较为完整、科技水平较高的工业体系，今后东部沿海地区的信息、技术、资金、人才优势仍将长期领先。而短期内，中西部地区发展的基础条件和内在因素仍难以从根本上改变，例如，中、西部地区资源优势很难迅速转变为经济优势，人力资源尽管数量大但素质不高，生态环境的承载能力不强，对区域外投资的吸引力没有比较优势。此外，目前中央对地方财政体制统一规范，大部分区域财税优惠政策已经取消，土地和债务管理逐步规范，靠土地和债务融资的渠道变窄，难以取得大规模的基础建设资金投入。

按照《全国主体功能区规划》要求，下一步要随着社会主义市场经济体制的逐步完善和全国统一市场的形成，逐步打破各地原有"自成一体"的经济模式，建立体现各自功能区特色、合理分工的产业布局。东部沿海地区大部分是优化开发地区，以具有规模经济特征的先进制造业和知识密集型服务业为主。这个区域将要聚集更多的人口，产业进一步升级，与世界一流的科技接轨，在财政上要做出更大的贡献。重点开发地区主要是在中西部的城市地区，以能源、原材料产业以及优势装备制造业和高新技术产业为主。上述以大城市群为主体形态的城市化空间战略格局，将让全国不到 1/10 的国土空间集聚全国 2/3 的人口和经济，尽可能地少挤占提供农产品和生态产品的空间。除大中城市外的广大中西部地区，多数不适宜大规模和高强度的工业化开发，按照国土空间划分为限制开发或禁止开发的重点生态功能区和农产品主产区，使全国的生态安全和农产品的供给得到基本保障，实现水清、山绿、天蓝、人足。

从我国上述空间发展规划上可以看出，各地经济规模和财政收入必将呈东高西低的态势，地区间分布很不均衡，这既是客观规律的需要，也是国家整体战略的需要。从财政角度看，优化开发区和重点开发区都应该是财政收入的贡献地区，而农产品主产区和生态功能区都应该是享受转移支付的地区，二者互补形成均衡的局面。为此，从客观上看，短时期内地区差距不可能大幅度缩小。如果任由地区差距扩大，中国的现代化进程就可能有脱轨的危险。

6.1.2　存在的机遇——抑制差距扩大的有利因素正在形成

西部大开发、东北振兴、中部崛起、东部新跨越，随着区域经济板块的联动以及从"单级突进"到"多轮驱动"，我国区域协调发展已经迈入了一个新阶段。未来区域发展过程中，缩小地区间经济差距的自然驱动力正在形成。首先，随着东部地区对能源等基础原材料的需求不断增大，以及土地和劳动力资源的短缺，东部地区劳动密集型和能源依赖型的产业需要向中、西部地区转移，东、中、西部之间的产业衔接和经济融合更加密切，给中、西部带来了新的发展机遇。而改革开放以来，东部发达地区经过探索而形成的体制机制、管理模式和先进技术成果，为中、西部地区发挥后发优势提供了宝贵的经验。另外，中、西部地区也有不少发展基础好、条件优良的大中型城市，有成为重要经济增长极的客观基础和发展潜力。例如，武汉、中原城市群、成渝地区、湖南的长株潭地区和陕西的关中地区等。按照实施区域发展总体战略和主体功能区战略要求，我国将构筑区域经济优势互补、主体功能定位清晰、国土空间高效利用、人与自然和谐相处的区域发展格局，并逐步实现不同区域基本公共服务均等化。

随着区域发展不平衡问题受到广泛关注，国家从发展战略、制度设计和政策实施等多个层面，进一步完善"振兴东北老工业基地"和"中部崛起"等区域经济社会发展战略，营造有利于中西部地区加快发展的政策环境和氛围，促进地区间经济社会的协调发展。目前，中、西部地区经济发展速度加快，各具特色的区域发展格局初步形成，中、西部地区财政收入增幅已经连续 5 年超过东部地区。特别是 2002 年实施所得税收入分享改革后，中央财政将因改革集中的收入全部用于对地方主要是中、西部地区的均衡性转移支付，中央对地方均衡性转移支付已经从 2010 年的 4710 亿元增长到 2016 年的 11542 亿元，增长了 1.5 倍，[①] 对促进地区间基本公共服务均等化发挥了重要作用。此外，现行中央对地方其他各项民生领域转移支付分配中也体现了向中、西部倾斜的原则，2006～2016 年中央对地方转移支付总额中 85% 以上用于中、西部地区，

___

① 资料来源：历年《中国财政年鉴》。

有力地缩小了地区间财力差距。

此外，城乡差距是我国地区差距的重要组成部分，近几年城乡之间虽然仍存在较大差距，但相对差距在缩小。2005~2015年农村与城镇平均工资比从0.15提高到0.24，农村与城镇可支配收入比从0.29增长到0.37。[①] 今后20年是我国加快城市化建设的关键时期，也是缩小城乡差距、地区间差距的重要契机。从市场经济国家的经验来看，各国城市化进程一般都伴随着经济大发展和社会事业大进步。目前我国的城市化率比美、日、英等发达国家平均低20~30个百分点，加速城市化进程是我国未来经济增长的重要引擎，对拉动内需、化解城乡二元经济矛盾，推动我国国民经济发展跃上新台阶具有重要意义。因此，一定要发挥城市的辐射作用，提供更多的就业机会和财政收入，带动边远地区经济社会发展，缩小地区差距。

6.1.3 基本公共服务水平将逐步趋同

基本公共服务均等化是建设现代国家的必然要求和重要标志。我国实行社会主义制度，公民不分地域、民族、性别、收入及社会地位，都有获得基本公共服务的权利，保障人人享有均等化的基本公共服务是政府的基本职责。按照科学发展观和"五个统筹"的要求，"十二五"规划已经将"建立健全公共服务体系，实现基本公共服务均等化"作为重要目标。"十三五"规划进一步提出了推进基本公共服务均等化的相关制度和任务措施。党的十八大之后，本届政府在教育、医疗、养老等方面实施了一系列促进城乡之间、区域之间均等化的制度或计划，如农村义务教育薄弱学校改造计划、高等教育领域的支援中西部地区招生协作计划，以及低保制度、多层次医疗保险体系、城镇和居民养老保险制度等，而且这些措施已经初见成效。2015年全国高考录取率平均水平与最低省份之间的差距已经从2010年的15.3个百分点下降至不足5个百分点。高等教育阶段30%以上学生可获得助学金和奖学金，其中大多数是来自困难家庭的学生。社会医疗保险覆盖面扩大，超过95%的人口有某种形式的医疗保险，医院床位数从2003年的227万张上升到2013年的458万张。养老

---

① 资料来源：历年《中国统计年鉴》。

保险的整体覆盖率大幅上升，现已覆盖80%的劳动人口。[①] 初步预计，今后20年，随着我国家整体实力的增强和中央再分配调节力度的加大，欠发达地区和广大农村的基本公共服务水平将明显提高，不同地区、不同人群之间基本公共服务均等化的目标将基本实现。

此外，中央从战略上高度重视解决贫困问题。党的十七大已经庄严承诺"到2020年基本消除绝对贫困现象"。参照国际水平，2012年中央已经将贫困线的标准提高到人均1美元/天。2012~2014年，全国农村贫困人口减少5221万人，年均减少1740万人，贫困地区农民收入增幅连续三年高于全国平均水平。[②] 党的十八届五中全会指出，实施脱贫攻坚工程，实施精准扶贫、精准脱贫，分类扶持贫困家庭，探索对贫困人口实行资产收益扶持制度，并明确"十三五"时期"农村贫困人口实现脱贫，贫困县全部摘帽"的目标。2015年底还发布《中共中央国务院关于打赢脱贫攻坚战的决定》，对未来五年脱贫攻坚工作进行全面部署，并要求各级党委政府层层签订脱贫攻坚责任书，立下"军令状"。通过贯彻落实上述举措，对革命老区、民族地区、边疆地区、集中连片贫困地区重点攻坚，届时，我国的贫困人口总数将持续减少，贫困地区的群众将分享到越来越多的经济社会发展成果。

综合判断，与日本、韩国等东亚经济体的发展轨迹类似，未来10年中，中国还将保持平均每年6%左右的中高速增长，中国的GDP总量将超过美国。按照现在的汇率估算，2030年我国人均名义GDP将是美国的1/4。按照购买力平价计算，到2030年中国的人均收入将至少达到美国的50%。在市场机制的作用下，我国地区间财力差距的扩大难以避免，但随着区域均衡发展战略的实施，地区间财力绝对差距的增幅将持续降低，相对差距会进一步缩小，基本公共服务水平基本趋同。

6.2　制约因素

综合分析，要实现缩小地区差距的目标，现实中还有一些观念和制度上的制约因素不容忽视。

---

①②　资料来源：历年《中国统计年鉴》。

6.2.1　地区间经济与人口分布失衡

区域发展不协调，不仅表现为各地区经济总量之间的差距，更重要的是经济、人口、环境资源之间的空间失衡。人口、经济、资源分布不均衡，超出环境承载力，将直接导致地区差距过大，社会矛盾突出、环境恶化。从国际经验看，经济总量聚集的地区，提供就业机会较多，人口相对集中。例如，日本三大都市圈提供了全国70%的GDP，同时也聚集了65%的人口，人口分布与经济布局呈总体均衡。

改革开放以来，随着市场机制逐步建立，生产要素逐步向沿海地区聚集，劳动力也相应向东部转移。农民工进城，中、西部地区劳动力大量流入发达地区，对支撑我国经济起飞功不可没。但受体制和政策制约，绝大部分流动人口还未能成为迁入地的市民，致使劳动人口与赡养人口在空间上分离，只能形成人口季节性的大规模流动。京津冀、长江三角洲、珠江三角洲三大城市群的人口总量占全国总人口的15%，但经济总量占35%。西部地区虽然地域广袤、人口稀疏，但从资源环境承载能力看，西部地区的人口压力高于东部地区。如果不能解决长期在城市务工经商的农民的户籍问题和社会保障问题，就不能把已经转移到发达地区的农民变成当地的市民，通过人口流动缩小地区间差距的机制作用将难以有效发挥，长期下去会转化为十分棘手的社会问题。

有人认为，中国人口多、农民多，因而亦工亦农的"候鸟"式的农民工问题将是一个在相当长时期存在的现象。其实，很多后起的工业化国家，大约也只用了30年就完成了农民转为产业工人及他们的家人转为城市人口的路程。这些国家在工业化、城市化的过程中，并没有出现"农民工"问题。我国是由于实行政府管制的户籍制度，切断了劳动力集聚必然伴随人口集聚的规律，才产生了农民工这一群体问题。除了保障农民工自身基本公共服务需求外，还需考虑农民工子女的教育问题。因此，统筹谋划好我国未来十几亿人口和经济要素的合理布局，关键是要解决好经济需求无限性和地域空间有限性之间的矛盾。

6.2.2　市场化发育程度的制约

南开大学经济研究所依据市场化的前提条件、市场体系的建设、商品市场化程度、要素市场化程度和市场化的社会保障五个领域 19 项指标的测度得出，中西部地区的市场化程度要远远低于东部地区。东部地区的市场化程度为 42.2%，而中部和西部地区分别为 28% 和 21.9%。市场化程度的高低反映体制转型的快慢，市场化程度低也就难以依靠市场力量自动、有效地接受东部地区产业转移，壮大自身经济实力。

东部地区与中西部地区的市场化程度存在较大差别，也是我国拥有大量廉价劳动力和丰富资源的中西部地区，不如工资成本高的东南沿海地区发展快的主要原因。从理论上讲，政府干预是为了弥补市场失灵，但现实中，政府干预市场运行已经成为常态，特别是中、西部地区政府占有和控制的资源不是在缩小而是在扩大，这种"越俎代庖"的方式确实不利于这些地区经济的长远发展，也削弱了这些地区的竞争力和创新力。这里面有个误区，就是欠发达地区也需要市场，政府行为不能代替市场行为。市场经济规律这只无形的手，不仅贯穿于工业，也贯穿于农业、采掘业、服务业等第一、第三产业当中，这是经济运行和资源配置的基础。

目前，我国市场经济体制仍不够完善，各级地方干部的执政理念和思维方式没有根本转变。此外，现行体制强化了政府的投资冲动，以 GDP 增长为主要标准的干部考核机制助推了官员对 GDP 总量的过度追求。地方 GDP 总量越大，地方财政收入增加越快，官员的政绩越大。按照主体功能区规划和科学发展观的要求，要强化对各类型地区提供公共服务、加强社会管理、增强可持续发展能力等方面的评价，增加开发强度、耕地保有量、环境质量、社会保障覆盖率等评价指标。在此基础上，按照不同区域的主体功能定位，实行有侧重的绩效考核评价办法和干部任用机制，并强化考核结果运用。

6.2.3 资源和环境的制约

"胡焕庸线"东南方 43% 的国土，居住着我国 94% 左右的人口，以平原、水网、低山丘陵和喀斯特地貌为主，生态环境压力巨大；该线西北方 57% 的国土，供养着大约 6% 的人口，以草原、戈壁，绿洲和雪域高原为主，生态系统非常脆弱。近些年，在经济快速发展过程中，由于生态环境保护意识淡薄，我国生态系统的整体功能退化，一些地区的资源环境承载力快速下降，"大旱""大涝"等极端天气发生频繁,越来越多的区域成了不适宜人类生存的空间。特别是东部地区,由于过度开发和盲目建设,以及重化工业为主的经济模式,造成大量耕地被占用,草原沙化退化、绿色空间迅速减少,土地和水域污染日趋严重。例如,近年来发生太湖、滇池、巢湖污染,治理成本极高,治理难度极大。如果继续不惜一切代价的高投入、高消耗、高排放的发展,走"先污染、后治理"的路子,尽管一时能把经济搞上去了,但代价太大,对全局长远利益的影响和生态损失往往无法挽回。

我国自然地理方面的差异,是划分全国主体功能区规划的基础。西部地区的水资源和矿产资源是东部地区居民和企业赖以生存和发展的基础和必要条件。例如,由于东高西低的地势,我国主要的大江大河,如黄河、长江、珠江等均发源于西部地区,流经中东部入海。江河上游的生态环境和水资源保护对中下游地区的生产和生活至关重要,上游地区也为此付出了较大的机会成本。一些跨省和省域范围内的河流也存在类似情况。从经济发展水平看,江河上游地区大多是高原和山区,经济发展较为落后,而下游地区集天时地利,多是发达地区,随着经济增长速度的加快,上下游地区间经济社会发展和公共服务水平的差距在拉大。西部地区政府不得不在生态保护和经济增长之间做出权衡和选择。

我国作为一个发展中的人口大国,经济发展仍是治国安邦的第一要务,但不能都走一个工业化发展模式。就像东部地区不能简单照抄西方工业化国家的发展模式一样,中西部地区发展也不能简单照搬东部地区工业化的发展模式。物质产品生产能力快速增长伴随的是提供优质生态产品能力的迅速下降,在相当程度上抵消了经济快速增长应当带来的生活水平的提高。生态环境作为加快发展的"天棚",已经不再让我们毫无顾忌地加快发展了。过度损害生态环境的加快发展,既破坏了当代中国人对生态产品的需求,损害了当代中国人的健康,又损害了我们后代满足需求的能力。

6.2.4 跨地区协调方面的制约

我国的行政区划具有较强的历史和军事背景。在经济迅速发展的现实国情下,部分地区行政区划和经济区划相背离的情况已经出现,以行政区划为单元的政绩考核和"分灶吃饭"的财政体制成为经济跨区域协作的阻碍。1994 年实行的分税制改革，有力地调动了地方政府发展经济的积极性，但"坐地分成"的办法也导致了部分地方政府"画地为牢"、地区封锁和重复建设，影响了全国统一市场的形成，在一定程度造成了效率损失和资源浪费。

此外，近年来国务院相继出台了 20 多个支持区域发展的政策，有利于区别对待、分类指导各地区发展，但规划层次不等、政出多门，缺乏协调和配合，容易导致财力分散，政策效应减弱。有些地方对外资提供超国民待遇，有些地方竞相实行低地价、地方税收返还等措施吸引企业投资，以牺牲全局和长远利益进行政策"底线"大比拼。体现经济规律的功能区域被"划省而治"的行政区划分割，跨地区协调难度大，不利于地区间公平竞争和全国统一市场的形成。

6.3　妥善处理三个关系

6.3.1　妥善处理政府与市场的关系

国内外的理论和实践证明，仅通过市场配置资源的方式，无法完全解决地区间发展不平衡的问题，政府干预是有必要性的。即使市场力量最终能够缩小地区差距，这种结果也要等几十年，甚至几百年。而在此期间，地区间的巨大鸿沟将对社会稳定造成重大冲击，甚至会动摇政府执政的根基。正因为如此，没有任何一个国家会放任市场来决定区域均衡发展问题。如果说美国、日本、德国等发达国家中地区发展是比较均衡的，那主要是政府干预的结果，并不完全是市场机制的作用。在发展中国家，政府干预区域发展的措施也司空见惯。面对我国地区差距过大的事实，我国政府不能被市场万能的经济理论所迷惑，不要期待市场能够创造均衡发展的奇迹，要果断采取措施，且宜早不宜晚。

但这也不意味着政府职能不需调整而无限扩张。在经济起飞阶段和市场经济形成过程中，政府主导型经济增长方式能够把社会资源有效集中在投资建设上，并保持着较高的投资率。但在市场经济体制初步建立后，经济建设的真正主体是企业和社会。通过市场配置资源，而政府的基本职能是创造良好的制度环境、经济发展环境和社会环境，提供优质的公共服务，维护社会公平正义，解决好民生问题。如不将公共服务作为政府的主要职能，中国社会难以走上公平与可持续的科学发展之路。

在强调发挥政府职能的基础上，应继续完善市场机制，促使生产要素在地区间自由流动，否则中西部地区特别是能源产地在初次分配中获益太少，不利于缩小地区间差距。

6.3.2 妥善处理中央和地方的关系

一个国家的历史就是一部中央与地方关系的变革史。集权与分权一直是中央政府执政理念的一种选择，也是一个国家中央和地方在政治和经济方面划分的基本原则。过去40年里，世界各国对地方分权的改革浩浩荡荡。在地方分权的潮流中，几乎没有一个国家不谈论权力下放，既包括法国这样的传统单一制国家，也包括美国这样的联邦制国家，还有印度尼西亚这样的发展中国家。人们开始质疑中央政府的运作效率，而相信地方政府更了解当地居民偏好，地方分权有利于落实涉及民生的具体政策、化解社会矛盾。

妥善处理好中央与地方的关系，直接关系到国家的统一、民族的团结和国民经济社会全面协调可持续发展。由于国土面积广阔、人口众多，情况复杂，我国各地经济社会发展很不平衡。我国政府历来十分重视中央与地方的关系，注重调动中央和地方两个积极性。中央必须制定和实施全国性的法律、方针、政策，引导地方形成合力，才能保证总量平衡和结构优化，维护全国市场的统一，如促进区域均衡的职能就该属于中央政府履行；当然，中央政府的区域政策也要求省级政府配合执行，而且省级政府需负责辖区内的均衡问题。同时，要赋予地方必要的自主权和灵活性，充分发挥地方的积极性和创造性，因地制宜地发展地方经济。

国际上衡量地方分权程度有两个标准：一个是地方财政支出的比重；另一个是财政供养人口所占比重。2016年我国地方财政支出占全国财政支出的比重为85.4%，地方财政供养人口占全国财政供养人口的95%左右。[①] 按照上述标准，我国的地方分权程度相对较高，地方积极性得到充分发挥，有力地推动

---

① 资料来源：《中国财政年鉴2017》。

了改革和发展。从理论上讲，由地方政府来提供或购买大部分公共服务，有利于提高公共服务的质量和资金使用效率。但基层政府的财力差距过大制约了基本公共服务均等化的进程。因此，处理好中央与地方的关系以及地区之间的关系，都是我国现阶段促进区域协调发展的重要内容。

6.3.3　妥善处理公平与效率的关系

公平和效率的关系既对立又统一。我国有句古话：“不患寡，而患不均”。事实上，经济社会发展中，老百姓既患寡，也患不均。“寡”的问题，可以通过发展经济来解决；而“不均”的问题，需要在市场初次分配合理的基础上，主要通过政府的再分配来解决。需要说明的是，认为各地区差距、城乡差距、收入差距的存在就是分配不公、社会不公的说法，是对原始公平的误解。无论任何朝代、任何国家，原始公平都是不可能的。

在公平和效率之间合理取舍，是当前我国经济社会政策中面临的重大课题，需要妥善研究，审慎决策。如果不按科学规律办事，不能妥善处理公平和效率的关系，只能破坏整个国民经济发展和共同富裕的历史进程，欲速则不达。在注重公平和提高效率之间，许多领域都有“两难”问题，实际上不可能在每一个方面都达到最大化，只能达到最优的组合。这就需要统筹兼顾，找到平衡和双赢的道路。

我国要实现中国特色社会主义共同富裕的公平分配目标，必须从现实国情出发。缩小地区差距，也要考虑综合平衡、力度适当、办法有效。一方面，中央政府要通过加大交通基础设施投入和财政转移支付力度等必要的政策倾斜，提高欠发达地区基础公共服务设施水平，促进基本公共服务均等化，使各地群众起点公平、机会均等；另一方面，基本公共服务的范围和水平不仅和体制、政策选择密切相关，而且最终取决于社会生产力水平，要避免过分强调做贡献而挫伤东部发展的积极性，同时也要体现量能原则，均衡东部省份之间的贡献水平。

6.4　缩小地区差距的思路和措施

逐步缩小地区间贫富差距，实现全国经济社会协调发展，最终实现全体人民共同富裕，这是社会主义的本质要求，也是化解现实社会矛盾的有效手段，并关系着我国经济社会的长治久安。中央、省级政府和有关部门必须高度重视、认真对待，正确处理。按照党的十七大和"十二五"规划的要求，下一步我国要实现区域协调发展，缩小地区间差距的目标，任务艰巨，时间紧迫，务必采取综合有效的措施，下大力气予以落实。

6.4.1 总体思路

促进区域协调发展，应遵循以人为本的原则，主要缩小不同地区之间人均收入、生活水平、环境质量和公共服务的差距，不是简单地缩小地区之间经济总量的差距，区域协调发展的目标是"人"而不是"物"。到 2030 年，我国地区间经济差距和主要社会发展指标的差异系数要达到中等发达国家的水平，实现标准适中、全面覆盖的基本公共服务均等化体系。"十三五"时期，重点是支持中西部地区经济发展，进一步遏制地区差距扩大的趋势，基本实现低标准、广覆盖的基本公共服务均等化。

6.4.2 基本原则

一是政府主导、市场支撑。在缩小地区差距的过程中，政府的主导作用绝不能动摇。政府通过提供政策环境、完备的基础设施和均等化的基本公共服务，引导市场机制发挥配置资源的内在优势，增强欠发达地区的造血功能，纠正因经济发展水平不同造成的过大差距。

二是统筹兼顾、多管齐下。要统筹兼顾经济、人口、生态三者的空间分布，通过完善区域政策和体制机制、深化户籍制度改革、建立健全生态补偿机制，实现集聚经济、人口与当地资源环境承载能力相协调。

三是分步实施、稳步推进。各地区经济社会发展不平衡是一个漫长的历史进程，既不能一蹴而就，也不能急于求成。应当把缩小地区差距作为一条长期坚持的重要方针，分阶段设定目标，稳步推进。

四是法制保障、绩效考核。要缩小地区差距，需要统一、协调、稳定的区域政策，并通过法律形式予以保障，从而防止中央各部门政策冲突、地方各自为政情况的发生。同时，要根据不同主体功能区划的特征，完善不同地区地方政府绩效考核办法。

6.4.3　需采取的综合措施

本书主要讨论的综合措施，既包括今后 20 年的中长期举措，也包括"十三五"时期需采取的具体措施。本章着重描述区域发展战略、市场机制完善、人口与环境政策、健全法律体系和干部考核机制五个部分，财政政策将在第 7 章单独阐述。

1. 完善政府区域协调发展战略

缩小地区间差距、促进区域协调发展，必须发挥政府和市场的双重作用。政府和市场要合理分工，不可替代。在市场经济条件下，政府经济职能的定位应是：保持宏观经济稳定，使市场能够发挥作用，并更多地通过公共及非国有机构参与提供公共产品。从中长期来看，中央和省级政府应按照《全国主体功能区规划》的规定，依据各地区不同的资源禀赋、区位条件、人文环境、发展基础以及路径依赖等发展条件，实施差别化的发展战略，而不是"一刀切"的办法。该规划是我国国土空间开发的战略性、基础性和约束性规划，目标是 2020 年，但规划任务更长远。

"十三五"时期，我国的区域政策要以该规划为依托，梳理已经出台的区域发展规划，制定立足长远发展、统筹全局的区域发展战略。统筹研究制定各区域发展政策，设置好各类区域政策的"天棚"和约束条件，主要包括财政金融政策、土地政策、人口政策、产业政策和资源环境政策等，重点推动基本公共服务均等化。中央政府对涉及跨省的区域规划要注重指导，加强协调。在省级层面，要督促省级政府按照中央部署，因地制宜，尽快编制省级主体功能区规划，提出近期、中期、远期分阶段实施方案，制定"十三五"期间缩小辖区内市县差距的目标。

区域协调发展将是我国长期坚持并实施的战略目标，不仅任重道远，而且涉及诸多部门，事关重大，可研究比照日本的总务省和澳大利亚的拨款委员会专门设立国务院部委级区域协调发展委员会，专司协调地方事务之责，既包括中央及各部门与地方之间的关系，也包括地区之间的关系。例如，设计中央对地方纵向转移支付、横向转移支付制度，解决跨省市重大基础设施的协作和分工，制定跨省市流域的治理与环境保护规划等。

2. 发挥市场配置资源的基础性作用

经济发展的内在动力是市场机制。我国要缩小地区间差距，必须充分发挥市场手段，增强中西部欠发达地区的"造血"功能。从根本上讲，必须依靠市场经济体制造成资金、技术和人力资源的梯度推移，充分发挥市场的创造力和活力，才能增强中西部欠发达地区的竞争力，做大经济"蛋糕"。

在中央层面上，首先，要继续深化资源性产品定价机制改革，主要通过市场供求关系确定能源价格，避免使西部地区由"资源输出地"变为"利益输出地"。其次，要优先向西部地区安排资源开发和基础设施建设项目，千方百计鼓励企业到中西部地区投资，促使生产要素（资本、技术、劳动力和人才）向有利于落后地区的方向流动。例如，为厂商提供在落后地区投资机会的信息、投资补贴，以及兴建中央项目等。如果延续计划经济模式，政府作为投资主体贸然投入资金技术等只能是事倍功半，甚至白白浪费。但市场观念和机制形成不是一朝一夕的，需要持续的社会教育和逐步推进。最后，中央要继续加大转移支付力度，为中西部地区居民和企业提供较为均等的基本公共服务，为全国统一市场的形成创造条件。

3. 破除人口壁垒，促进人口正常流动

"用脚投票"，通过人口流动减缓经济不平衡，在市场经济国家较为普遍，特别是美国，近年来迁移的人口超过1亿人，跨州迁移的人口平均每年都在800万户左右。因此，从经济、人口、生态三者空间均衡的高度来理解和认识区域协调发展，是缩小地区差距的必由之路。

区域协调发展，不是区域之间GDP的平衡，也不是经济增长速度的平衡，更不是所有的空间都要开发，限制开发和禁止开发的地区就不能进行大规模、高强度的工业化和城市化开发。政府特别应该鼓励国家重点生态功能区和农产品主产区的剩余劳动力有计划地向发达地区流动，实现人口数量和GDP规模的大体一致，就业机会与收入水平的大体均等。按照新古典经济学的观点，如果资本向落后地区流动，劳动力向发达地区流动，长期下去，就会缩小地区差距。我们不相信资本和劳动力会自发地朝我们所希望的方向流动，但应努力清除不利于生产要素流动的种种障碍，对人口流动予以积极引导。

农民工的户籍问题之所以久拖未决，主要是地方利益问题，如相应的子女教育、医疗和社保、保障性住房等由谁来负担。因此，中央政府可以从以下两方面入手：一方面，要加快实行户籍制度的改革，允许有稳定职业和收入的外来人口享受同城同待遇，最终融入当地社会并安家落户；另一方面，要推动基

本公共服务均等化，使各地的基本公共服务无差别。事实上，除北京、上海等大都市外，其他地区即使放开户籍制度，符合条件和有在城市落户意愿的农民工也只是一小部分。

从地区分工来看，东部发达地区要为农民工成为城市居民创造就业机会，改善劳动条件，提供基本公共服务，做到移进来、稳得住、能致富；西部地区要加强基础教育和职业培训，完善土地流转制度，为剩余劳动力人口转移创造条件。

4. 健全生态补偿机制

要实现区域协调发展的目标，集聚的人口规模和经济规模及其产业结构就不能超出当地资源环境的承载能力。生态环境的生产和消费过程中产生的外部性主要反映在两个方面：一是资源开发造成生态环境破坏所形成的外部成本，如煤炭开采导致的沉陷区、草原过度放牧引起的荒漠化。二是生态环境保护所产生的外部效益，如青海三江源、大小兴安岭、秦巴山区的外溢生态价值难以估量。当社会边际成本收益与私人边际成本收益相悖离时，如不能靠在合约中规定补偿的办法予以解决，就必须依靠政府干预，调节生态环境相关者之间的利益关系，使外部成本内部化。根据生态系统的服务价值、保护成本及发展机会成本，综合运用政府和市场手段建立和完善生态补偿机制，是我国保护生态环境、促进人与自然和谐发展的重要内容。

虽然国际上有关生态补偿的理论尚不成熟，建立生态补偿机制的难度也不小，但各国都开展了不同程度的探索。目前我国政府生态补偿机制主要包括两种方式：一是上级政府对所辖生态功能区的支持和补偿，即纵向转移支付，主要适用于外溢范围广、生态成本和收益难以衡量和界定的领域；二是生态产品受益地区对提供地区、下游地区对上游地区，以及不同开发单位之间的横向补偿机制，主要适用于外溢范围窄、生态产品容易衡量、地区之间能够协商一致的领域。按照我国现行政府管理模式和财政管理体制，以纵向转移支付为主、横向转移支付为辅的生态补偿模式更加符合我国现实国情。

需要说明的是，生态补偿与部分地区之间对口支援的性质有所不同，对口支援更侧重的是政治任务和道义上的责任，援助地区和受援地区的利益关联度可能较小。但生态补偿不同，无论是上级政府，还是横向"兄弟"地区，都不是"恩赐"，而是必须履行的责任。特别是我国划定限制开发区范围之后，上游地区的发展权受到了限制，开发受到了约束，按照环境产权的理论，对当地政府和人民因此造成减收和增支就应该给予补偿。当然，补偿标准需要适度，对于政府来说主要是有足够的财力提供均等化的公共服务，对于老百姓来讲是其居民收入能达到小康的水平。

5. 健全促进区域协调发展的法律政策和干部考核体系

当前我国地区间经济社会发展不平衡的问题，有些和发展阶段有关，也有不少是由于体制机制不合理造成的。现阶段，我国改革已经从"摸着石头过河"的实验阶段发展到"制度顶层设计"全方位谋划阶段，从经济领域到社会领域，已从普遍受益的"帕累托改进"，过渡到利益在不同群体间的调整分配，每前进一步都充满了权衡和博弈。面对"躲不开、绕不过"的体制机制障碍和问题，只有继续推进全方位的体制改革，才能抓住战略机遇期，解决矛盾，从而防止更大的矛盾出现。

促进区域协调发展需要强有力的法律保障，世界主要国家都将立法作为落实区域发展战略、政策的制度性前提。目前，我国区域立法大多处于空白状态，一些区域政策政出多门、缺乏协调和针对性，已不能适应当前形势发展的需要。以我国促进西部大开发等成功的经验为基础，制定促进区域协调发展的基本法和针对特殊类型地区发展的区域法律法规，建立促进区域协调发展的长效机制，已成为我国中央政府的当务之急。

此外，创造一种使地区均衡发展的制度环境非常重要，要保证区域均衡的政策不遭逆转，必须要通过制度保障。各省在决策过程中都应享有同样的参与权和发言权，防止发达地区因财大气粗，从自身局部利益出发，影响国家区域协调发展的全局。

因地制宜的区域政策可以有很多方面，但最为关键的制度安排之一是根据不同区域的主体功能实行绩效考核办法。绩效评价是科学开发国土空间的评价导向，应根据不同区域的主体功能定位，实行各有侧重的绩效评价和政绩考核。例如，对城市化地区，应强化对经济结构、资源消耗、环境保护、自主创新以及外来人口公共服务覆盖面等的评价，弱化对 GDP 增长、招商引资、进出口贸易等的评价。对限制开发的农业地区，要强化对农产品保障能力的评价，弱化对工业化和城市化相关经济指标的评价，主要考核农业综合生产能力、耕地特别是基本农田保护等指标，不应考核 CDP、投资、工业、财政收入和工业化、城市化指标。对限制开发的生态地区，应强化对提供生态产品能力的评价，不应考核 GDP、投资、工业、农产品生产、财政收入和工业化、城市化等，使生态区和农业区的干部充分认识到保护环境、提高粮食产量和质量是当地政府的职责所在，也是领导干部的主要政绩。

第7章

缩小地区财力差距的突破口：
财政体制改革预案

上级政府财政通过转移支付实行再分配是调节地区财力差距的最有效手段，被世界各国普遍采用。我国要实现缩小地区财力差距的目标，深化财政体制改革是突破口。本章主要阐述今后一段时期我国财政体制改革的路线图，即政府通过继续深化财政体制改革，确保中央具有适度的宏观调控能力，调整现有财政支出结构，完善转移支付制度，实现基本公共服务均等化，保障国民经济持续健康发展和社会和谐稳定。

7.1　保证适度的财政收入汲取能力

未来20年，我国政府将应对国内外各种问题的挑战。要健全公共服务体系、缩小地区间差距，就必须整合并保持适度的财政汲取能力，发挥中央和省级政府的调控职能。

7.1.1　当前我国财政收入占 GDP 的比重并不高

2016年我国公共财政收入占 GDP 的比重为21.4%。其中，税收收入占GDP 的比重为16.9%，而世界平均水平为25%。① 如果按照国际货币基金组织政府财政收入可比口径，包括公共财政收入、国有资本经营收入、政府基金

---

① 资料来源：《中国财政年鉴2017》；国际货币基金组织统计数据库。

收入、社会保险基金收入，扣除国有土地使用出让收入后，2016 年我国政府财政收入占 GDP 的比重为 28.4%，远低于世界平均 40% 的水平。

7.1.2　中央分享的收入主要用于对地方转移支付

2016 年，全国财政收入 159604.97 亿元中，中央本级收入 72365.62 元，占全国财政收入的 45.3%，主要用于中央本级支出和对地方税收返还、转移支付。[①]　例如，2016 年中央对地方税收返还和转移支付 60127.81 亿元，主要用于民生政策支出，资金分配也考虑了地区间财力差异，中、西部地区是主要受益者，享受比例为 80.6%。

2016 年全国财政支出中，中央本级支出仅占全国财政支出的 14.6%；地方本级支出占 85.4%。从资金来源看，地方财政支出中平均有 38% 的资金来源于中央财政转移支付，中、西部地区这一比重达 50% 以上。[②]

7.1.3　人均财政收入水平仍然较低

2016 年我国人均公共财政收入为 11566.9 元，按当年平均汇率折算为 1741 美元，远远低于美国、日本、德国、法国、意大利、英国等主要发达国家 2010 年 1.3 万美元以上的水平。[③]　因此，从总体上看，我国财政收入占 GDP 的比重并不高，而且我国是拥有 13 亿人口的发展中大国，区域之间、城乡之间发展很不平衡，经济社会发展中还存在不少薄弱环节，当前及今后一段时期财政收支紧张的矛盾仍然比较突出，没有适当的财政汲取能力无法保证社会稳定和公共服务水平的提高。而且未来 20 年，我国政府保障和改善民生的任务更重，财政收入占 GDP 的比重应保持在现有水平或略有提高。我们需要清醒地认识到，随着我国民主进程的加快，以后政府增加税负、提高财政收入占 GDP 比重的难度将更大。

7.1.4　财政收入比重越高，收入分配差距越小

当前，社会上对财政收入和个人收入的关系存在一些误解，认为在社会财

---

① ②　资料来源：《中国财政年鉴 2017》。
③　资料来源：《中国财政年鉴 2017》；国际货币基金组织统计数据库。

富总量既定的前提下，财政收入增加势必会挤占个人收入。实际上，财政收入增加并不能直接减少个人收入，二者并不存在简单的此消彼长关系。政府财政收支只是一个"二传手"。政府取得财政收入后又通过财政支出补助给个人，增加了个人收入，如增加对农民、低收入群体的补贴，加大保障和改善民生的财政支出等。国际经验表明，在财政收入占 GDP 比重较高、财政二次分配能力较强的国家和地区，收入分配差距较小。例如，美国、法国、瑞典的政府收入占 GDP 的比重依次递增，但反映收入差距的基尼系数则依次递减。

7.1.5 整合政府收入资源，保证适度的财政收入汲取能力

要保持下一步增强财政汲取能力，需要深化财税体制改革，对现有公共财政收入、预算外收入和基金收支进行整合。主要措施有：一是完善个人所得税税制，提高直接税比重，增强再分配功能；二是清理整合预算外收入，减少对市场行为的扭曲，提高财政部门统筹安排资金的能力，防止各部门通过预算外资金"肢解"财政职能；三是将国有土地出让收入改为"地产税"，分年度征收；四是提高国有企业分红的数额，以及在能源、自然资源和污染方面实施税收改革。

浙江省率先实行综合预算

2007 年以来，浙江省着眼于增强财政管理的统一、完整、公开、透明，以"收入一个笼子、预算一个盘子、支出一个口子"为目标，在全省推行财政综合预算改革，取得了较好成效。改革的目标和主要内容是：

● "收入一个笼子"。即以加强收入账户管理为突破口，要求所有政府性收入都要纳入财政管理，各部门、单位源于公共资源和国有资产的各项收入都要纳入财政管理，各部门、单位源于公共资源和国有资产的各项收入都要上缴财政。

● "预算一个盘子"。即在"收入一个笼子"的基础上，以部门预算为载体，统筹安排所有政府性资金，保证所有政府性资金都要"一个盘子用"，所有政府性支出都要"一个盘子管"，形成完整的收支总预算。

- "支出一个口子"。即所有的资金必须"一个口子出"，根据不同类型的财政资金，分别实行财政直接支付和授权支付方式，以解决资金拨付时间长的问题，提高资金使用效率。

对于浙江省在改革中遇到的体制、机制性障碍，如部分财政资金专户管理方式对改革形成一定制约，财政体制改革未同步跟进，法定支出增长与预算的原则要求形成冲突，行政管理体制尚未理顺等问题，需要认真研究解决。

资料来源：浙江省财政厅网站。

7.2　优化财政支出结构

包括国有土地出让收入在内，2016 年我国政府支出占 GDP 的比重已经超过 1/3，政府在进行收入再分配和提供公共服务来确保社会平等方面发挥着核心作用。

7.2.1　财政支出结构面临新挑战

随着我国步入收入较高的中等收入国家行列，财政支出政策将面临很大挑战，财政支出结构会发生较大变化。第一，人们越来越重视社会和环境问题，对增加环保、教育、医疗、社保和廉租房等诸多民生支出的呼声会日益增强。第二，随着人口的老龄化，劳动力数量开始萎缩（尽管开始时较慢），2016 年我国 60 岁以上老年人口已经达到 2.3 亿，占总人口的 16%。[①] 卫生和养老体系的成本将会上升，人口贫困风险将加大，将给医疗和社会保障性支出带来很大压力。第三，城市化的进一步发展将要求大量投资用于扩大城市基础设施。这些支出压力增大的同时，伴随着我国经济发展新常态下经济增长速度的放缓，财政收入的增长潜力是有限的。

国际经验显示，如果一个国家不能较好地应对这些危机，那么就可能偏离经济增长的良性轨道。可能导致危机的典型因素包括：一是政府不能为所有公

① 资料来源：《中国统计年鉴 2017》。

民提供机会使之能改善生活水平、提高社会地位，从而导致社会严重分化；二是政府支出过高导致对高生产率经济活动的严重挤出效应，或是政府以造成扭曲的方式提高收入，从而造成市场效率下滑；三是政府做出过多承诺，过度进行直接或隐性举债，从而导致公共债务迅速上升。

7.2.2 优化支出结构势在必行

因此，现在需要对财政支出结构进行全面审视，来解决经济中日益加剧的各种不平衡，确保在经济持续增长的同时对机会和资源进行公平分配。坚持财政收入取之于民、用之于民的原则，优化财政支出结构。

1. 调减的领域

一是尽快退出一般性竞争领域的财政投入和企业补贴，削减低效无效支出。二是中国的基础设施投资规模十分巨大。当前面临的挑战是，着重解决当前制约经济发展的"瓶颈"项目，以后会有所放缓，但未来各级财政要为这些迅速增长的基础设施资产的运营和维护安排更多财政资金。三是继续精简政府规模，控制行政管理方面的开支。

2. 调增的领域

一是强化财政的公共性，明显增加教育和医疗支出，[①] 这两方面不仅对提高人力资本从而保持中国经济持续增长十分重要，而且也有利于为所有人提供公平的机会。美国的公共教育之父霍斯曼说过，教育是通向平等的道路，他认为政府的稳定和社会和谐取决于教育，加强公共教育是要在年轻一代中提倡文明、道德、秩序和纪律，从而建立一个真正的民主社会。二是要实现社会平等则要求扩大社会保障，对所有人提供基本的公共服务。如果中国最终要将医疗和社会保障的支出比例提高到高收入国家的低端水平，那么由于社保缴费的费率已经很高，没有什么提高的余地，这类改革将主要靠政府兜底，财政用于社会保障的支出将大幅增长。

从表 7 - 1 可以看出，OECD 国家用于教育、卫生、社会保障方面的支出明显高于非 OECD 国家。高收入国家中，医疗和社会保障等再分配支出的规模

---

① 政府在提供公共住房方面的作用相比来说争议性较大。高收入国家的做法多种多样，例如，美国公共住房所占比例只有1%；而英国和德国达到20%以上。有关文献发现，政府提供住房往往伴随着高额的无谓损失。近年的政策趋向是从供给方面的政策转向需求方面的政策。

差别也很大。瑞士的医疗支出占 GDP 比重为 4.1%，冰岛为 7.9%；美国的社会保障支出占比为 6.9%，而法国、丹麦和卢森堡则超过 20%。21 世纪初一些经济合作组织国家发生的主权债务危机表明，有必要对医疗、社保领域的公共支出的有效性和成本之间的利弊权衡进行重新审视。我国人口多，社会保障体系建立较晚，因此，社会保障的改革步伐不宜过快，标准不宜过高，谨防落入"高福利陷阱"，导致社会动荡。

表 7－1　　　　　　　　政府支出规模和构成的跨国比较　　　　　　单位：%

支出项	全球	高收入国家		中等收入国家		中国
		OECD 国家	非 OECD 国家	收入较高的国家	收入较低的国家	
总支出	37.1	41.6	25.0	33.1	36.1	32.7
一般公共服务	5.1	5.6	4.0	5.6	5.5	3.1
公共债务交易	1.8	2.2	0.7	1.6	1.7	0.4
国防	1.6	1.6	1.5	1.5	2.2	1.3
公共秩序和安全	1.8	1.6	1.7	2.0	2.6	1.3
经济事务	4.4	4.2	3.1	5.3	6.1	14.8
环境保护	0.5	0.7	0.5	0.5	0.3	0.3
住房和社区设施	1.3	0.8	1.4	1.2	3.0	3.7
医疗	4.6	6.3	2.1	3.3	3.1	0.8
娱乐、文化和宗教	1.0	1.2	0.8	0.8	1.0	0.4
教育	4.8	5.4	3.8	3.9	5.4	2.7
社会保障	11.2	15.2	5.3	9.0	6.9	4.2
扣除社会保障以外的总支出	25.9	26.4	19.7	24.1	29.2	28.4

资料来源：GFS、WDI 及世界银行工作人员估算。

7.3　进一步完善财政管理体制

财政体制是政府间财政关系的核心内容。1994 年我国实施的分税制改革以及 2002 年实行的所得税收入分享改革，规范了政府间的财政分配关系，公共服务均等化的功能大为加强。但是，地区间的财政不平衡仍在进一步加剧，按照《全国主体功能区规划》和全面建成小康社会的要求，中央和省级政府的再分配功能还需进一步加强，需要对现行财政体制做出重大改革。

根据中央"十三五"规划建议要求，未来五年完善财政体制的主要目标是：围绕解决中央地方事权和支出责任划分、完善地方税体系、增强地方发展能力、减轻企业负担等关键性问题，深化财税体制改革，建立健全现代财税制度。建立事权和支出责任相适应的制度，适度加强中央事权和支出责任。结合税制改革，考虑税种属性，进一步理顺中央和地方收入划分，完善增值税划分办法。完善中央对地方转移支付制度，规范一般性转移支付制度，完善资金分配办法，提高财政转移支付透明度。健全省以下财力分配机制。要实现上述目标，需从以下几方面开展工作。

7.3.1 明确政府间事权和支出责任划分

政府间事权和支出责任划分是政府间财政关系的基础。随着我国政府职能的不断调整，民生政策陆续出台，我国政府间事权划分滞后的矛盾逐步显现。按照国际通行的做法，根据受益范围、行政效率等原则，通过法律形式进一步明确中央与地方各级政府的事权和支出责任划分势在必行。

按照国家统一制度框架，中央政府应主要负责国家基本公共服务标准确定、政策法规制定、涉及中央事权的基本公共服务提供与财力保障、跨省（区、市）的基本公共服务问题协调以及对地方的基本公共服务问责。省级政府主要负责本地区基本公共服务标准确定、地方政策法规制定、涉及地方事权的基本公共服务提供与财力保障，以及对市县基本公共服务的问责。市县政府具体负责本地基本公共服务的提供以及基本公共服务机构的监管（见表7-2）。

表7-2　　　　　　　　　我国政府间事权划分目标模式

项目	中央	省（区、市）	县
社会保障	养老保险、重特大灾害和事故救助	居民福利保健政策制定、农村低保、地方性灾害与事故救助	居民福利保健政策实施与日常管理
义务教育	制定全国最低经费标准	教师工资、校舍建设维护	学校日常管理
公共卫生	制定全国标准、全国性的重大疫病和传染病防治	公共卫生服务资源布局、地方性疾病防治	公共卫生、医疗机构建设与运转
外事安全	外交、国防、司法、出入境管理、反恐、禁毒、侨民、港澳台事务	警察	消防、户籍管理

续表

项目	中央	省（区、市）	县
基础设施	国道、主干铁路线等跨区重大基础设施建设	地区性交通基础设施建设维护、跨区交通干线的日常维护	路灯、上下水道等城乡公共设施建设维护
产业经济	宏观经济调控、协调地区间经济发展	区域性经济结构调整和发展规划	执行上级既定经济政策
资源环境	大江大河治理与全流域国土整治、全国性环保重点项目	区域性河流治理与国土整治、环境改善	日常环境监测、报告

属于政府责任的事务，既要全力以赴、尽力而为，又要实事求是、量力而行，不能过快、过急；不属于政府责任的事务，应研究制订激励政策措施，充分发挥市场机制作用，调动社会和居民的广泛参与，防止社会对政府的过度依赖。属于中央事权、委托地方政府管理的项目，中央财政足额安排专项转移支付，不再要求地方配套。中央对地方的转移支付安排，不仅要考虑各省（区、市）的整体财力情况，也要考虑所属困难市县的财力情况，防止出现县级政府财力的严重不平衡。

按照上述原则，"十三五"期间逐步将适合更高一级政府承担的事权和支出责任上移，增加中央和省级政府在基本公共服务领域的事权和支出责任，如基本养老保险等。强化省级政府在教育、医疗卫生、就业、社会保险、社会服务等基本公共服务领域的支出责任。对国家级重点生态功能区和农产品主产区（产粮大县），中央财政承担更大的基本公共服务支出责任。通过对上述领域政府间支出责任和中央对地方各项转移支付进行梳理，本书提出了近期合理界定政府间支出责任划分的路线图。

1. 基本公共教育服务

（1）基本情况。除中央级高等教育外，目前中央财政还负担了部分基本公共教育服务方面的支出；其他基本公共服务教育，由地方政府及其他社会渠道开支（见表 7-3）。

表 7-3 中央与地方分担情况

项目	分担比例
家庭经济困难寄宿生生活费补助	中央财政对中西部地区落实基本标准所需资金按照 50% 的比例给予奖励性补助。中西部地区地方财政应承担的 50% 部分，由省级财政统筹落实

项目	分担比例
免费提供教科书	免费提供国家课程的教科书，所需资金由中央财政承担。免费提供地方课程的教科书，所需资金由地方财政承担
公用经费补助	西部及中部六省享受西部大开发政策的 243 个县（市、区）中央和地方分担比例为 8∶2，中部地区为 6∶4；东部地区除直辖市外，按照财力状况分省确定
校舍维修改造	中西部地区，由中央和地方按照 5∶5 比例共同承担；东部地区，中央财政采取"以奖代补"的方式给予补助

（2）完善建议。按照《义务教育法》规定，义务教育应全面纳入财政保障范围。义务教育经费投入可仍实行中央和地方规定分项目、按比例分担的办法，但需对现有过于零散的项目进行整合，中央财政负担的项目和比例要通过法律法规形式固定下来，增强地方政府的可预期性。中央重点支持中西部地区，适当兼顾东部部分困难地区。加强省级政府统筹义务教育均衡发展、促进区域教育协作的职责。省以下各级政府也要合理划分基本公共教育支出责任划分，明确各级地方政府负担比例，抓好层层落实。

2. 基本住房保障服务

（1）基本情况。目前，中央财政共安排廉租住房补助、公共租赁住房补助、农村危房改造补助、棚户区改造补助资金，分别由财政部和国家发改委下达。支出责任方面，存在地方政府过度依赖中央政府的现象，出现"中央给多少钱办多少事"的局面。而住房公积金增值收益提取贷款风险准备金和管理费用后的全部余额以及土地出让金净收益，不低于 10% 的比例用于保障性安居工程建设的政策没有得到充分落实。

（2）完善建议。明确落实现有各项保障性安居工程的政策。基本住房保障属于中央与地方共担事权，对中西部地区，中央、省、市县三级负担比例分别为各 1/3；对东部地区，中央财政按照地方财政保障能力对各地给予支持。同时，积极创新政府支持方式，充分发挥财政贴息、资本金注入、投资补助等多种方式，调动社会资金参与。

3. 基本社会保障

（1）基本情况。社会保障是公共财政的主要职能，涉及人群范围较广，是调节收入分配的重要手段，堪称"社会稳定器"。目前中央用于社会保障方面的转移支付主要包括财政对社会保障基金补助、优抚对象抚恤补助、城市居民最低生活保障补助、农村最低生活保障补助、特大自然灾害生活救助支出等。

（2）完善建议。社会保障方面，考虑到养老保险基金在社会保障基金中的特殊地位和对未来社会稳定的影响，建议将基本养老金的社会统筹层次上升到全国统筹，如出现缺口由中央财政承担。失业保险、医疗保险、工伤保险和生育保险等支出责任均交给地方政府承担。

在社会优抚安置方面，中央政府负责军人离退休和退役安置支出，重点保障烈属、革命伤残军人、在乡退伍红军老战士的抚恤补助，以及军队离退休人员及军休干部管理机构所需经费。其他优抚安置支出，由地方政府负担。

在社会救济方面，中央和地方财政按照80∶20的比例负担特大自然灾害地区灾民的吃、穿、住、抢救、转移、安置、治病等救助经费。中央政府对中西部地区城市居民最低生活保障和农村居民最低生活保障支出给予适当补助。地方政府负责对中央抚恤补助标准达不到当地居民平均生活水平的部分给予补足，对年老体弱、没有工作、生活困难的在乡老复员军人的抚恤补助，优抚医院、光荣院和烈士陵园等优抚事业单位的补助，安置退役士兵经费。地方政府还要负责一般自然灾害救灾、社会救济等开支。

要注重发挥地方政府的积极性，并让地方切实承担起社会救助、社会福利等方面的责任。例如，随着低保制度的逐步成熟，可考虑将中央财政的专项转移支付作为基数下划地方，完全由地方政府负担起低保筹资责任等。

4. 基本医疗服务

（1）基本情况。目前，中央财政用于基本医疗服务方面的转移支付主要包括：新型农村合作医疗补助支出、城镇居民基本医疗保险补助支出、农村医疗救助补助、城市医疗救助补助、基本公共卫生服务均等化补助、重大公共卫生服务项目转移支付等。其中，农村医疗救助补助、城市医疗救助补助涉及面较小，各地救助方式、补助标准和范围各不相同，管理也不够规范，近年来执行中结余较多。

（2）完善建议。医疗卫生支出是公民健康权的重要保障，也是各级政府的重要职责，在医疗卫生体制改革初期，明确各级政府间支出责任至关重要。建议中央财政全额负担计划免疫、传染病控制等重大公共卫生服务项目支出，按照人均标准测算的基本公共卫生服务均等化补助纳入中央对地方均衡性转移支付；新型农村合作医疗补助和城镇居民基本医疗保险补助支出，中央和地方财政按照农村义务教育的负担比例，即西部80%、中部60%、东部地区分别为50%、40%、30%、20%、10%的比例（可按照各地年度地方财政保障能力指标进行调整）负担；农村医疗救助、城市医疗救助，以2010年中央补助资金为基数下达地方，以后年度增量由地方负担。地方病预防、公众营养服务，尤其是危害严重的地方性疾病和传染病，如麻风、克山病、甲状腺疾病等由地方政府负担。尽快将医疗保险由县（市）级上升到省级统筹，扩大医疗保险的覆盖面。

5. 基本就业服务

（1）基本情况。现行中央财政负担的基本就业服务支出，主要包括职业介绍补贴、职业培训补贴、职业技能鉴定补贴、社会保险补贴、公益性岗位补贴、特定就业政策补贴、扶持公共就业服务资金、就业见习生活补助8项。上述政策中基本没有明确中央与地方负担比例，但从近年实际支出情况看，中央财政支出占全国财政支出的比重为65%左右。按照《失业保险条例》规定，职业介绍补贴、职业培训补贴等资金均可从失业保险金中列支，不需财政额外安排。目前，失业保险金中结余较多，不能安排使用。此外，中央财政安排的基本就业服务方面的转移支付资金也存在大量结余，2009年为200多亿元。因此，从制度安排上，现行基本就业服务资金确实存在一些不合理之处。

（2）完善建议。明确就业困难人员的社会保险补贴为中央与地方共同事权，中央与省级财政各负担50%，其余基本就业服务事项均为地方事权。如各省失业保险基金出现亏空，中央财政根据其财政保障能力状况给予适当补助。除就业困难人员的社会保险补贴外，其余中央各项转移支付资金均以2010年中央补助资金为基数下划地方，以后年度中央财政不再增加补助。

6. 文化体育基本公共服务

（1）基本情况。目前，中央财政安排用于文化体育基本公共服务方面的转移支付主要包括：支持广播电视"村村通"、文化资源共享、农村电影数字放映、农家书屋、农民体育健身5项重点文化惠民工程专项资金；支持改善公共文化体育设施条件，支持地方改善县级及县级以上公共图书馆、文化馆、剧团、影剧院、公共体育场馆、广播电视台、公益性新闻出版单位等基层公共文化体育设施条件资金，以及农村文化以奖代补资金等。

（2）完善建议。在划分公益性文化事业和经营性文化产业的基础上，考虑到广播电视"村村通"等 5 项重点文化惠民工程属于阶段性任务，待任务完成后中央财政不再安排此项资金。对公益性文化事业、文化惠民工程等公共文化服务体系的扶持，通过中央均衡性转移支付的方式，按照人口、支出成本差异和财政保障能力程度等客观因素分配，重点用于农村基层和中西部地区，不断增强地方政府基本公共文化体育服务保障能力。

7.3.2　进一步理顺政府间收入划分

在"收入一个笼子"的前提下，应将现行一般预算收入、预算外收入和基金收入统一纳入政府间收入划分范畴。"十三五"期间进一步理顺政府间收入划分，具体可从以下六个方面着手。

（1）增值税。增值税是我国第一大税种。2016 年增值税收入 4.07 万亿元，连同即将改征为增值税的营业税收入 1.1 万亿元，合计 5.17 万亿元，占一般公共预算收入总额的 32%。[①] 由于税收征管水平原因，我国增值税仍不能从生产环节改为消费环节征收。虽然各地的消费者是税负的最终承担者，但增值税却在生产环节征收，由生产地和中央共同分享，造成了地区间税源转移和分配不公。由于增值税税基具有较强的流动性，国际上其他开征增值税的国家一般将其作为中央收入。营业税改征增值税后，原属于地方的营业税将改为增值税，地方政府将失去主要独享收入，中央与地方增值税分享比例由75∶25 改为 50∶50。需要注意的是，"五五划分过渡方案"是在我国经济增长放缓、其他税种改革还未完成情况下的权宜之计，地方分享增值税比例提高，对经济结构优化、资源要素合理配置、全国统一市场的形成有一定的负面作用，也不利于缩小地区间财力差距。因此，下一步仍需结合税制改革，考虑税种属性，在保持中央和地方财力格局总体稳定的基础上，研究制定中央与地方收入划分改革总体方案。例如，按照增值税税基，将增值税在地区间按比例分享等。

（2）企业所得税。由于总部经济发展越演越烈，及新企业所得税法的实

---

① 资料来源：《中国财政年鉴 2017》。

施（实行总分机构汇总纳税），我国所得税收入地区分布很不平衡。主要集中在上海、北京、广东三地，约占企业所得税总额的70%。因此，企业所得税收入应作为中央级收入或继续提高中央收入分成比例，同时，要改变目前中国石油天然气集团公司、中国石化集团公司的企业所得税由中央独享的办法，实行中央与地方按比例分成，使资源输出地的贡献与收益直接挂钩，经济上更为合理，政治上更为主动。

（3）国有土地出让收入。一是对新建商品房的国有土地出让收入改成分年征收，既能当期降低房价，又防止国有土地出让收入成为地方政府的一次性收入，促使国有土地出让收入成为地方财政的经常性财源；二是考虑到国有土地出让收入的67%集中在东部地区，而且区域间分布很不平衡，中央适当集中一部分国有土地净收入，用于缩小地区间存量差距，有利于遏制地方政府卖地的冲动，促进经济社会可持续发展。

（4）资源税。从法理上讲，我国资源属于国有，资源开发税收收入应属于全体国民，但资源开发的过程中必定破坏当地的生态环境，影响居住地老百姓的生产生活。因此，对资源性收入既要让资源地百姓得到实惠，特别是公共基础设施投入，但又不能将所有资源都留在当地。主要原因是资源税具有短期暴利的特点，如果全部留在当地，过分抬高了地方政府经常性支出的基数，一旦资源枯竭，必将造成当地政府运行及提供高标准的公共服务难以为继，从而影响社会稳定。考虑到当前我国资源输出地的财政普遍较为困难，中央可不参与资源税分成，但省级财政可适当集中，用于省以下财力均衡，促进资源地可持续发展。

（5）个人所得税。我国现行分类计征的个人所得税税基过窄，导致工薪之外的税源大量流失，没有起到调解贫富差距的作用。在完善个人所得税税制的基础上，可实行综合税制，将个人所得税培养为我国地方主体税种，增强地方政府提供基本公共服务的保障能力，同时将招商引资的发展方式转变为吸引更多的常住人口，使个人所得税成为地方政府主要税源。

（6）财产税。国外经验表明，财产税在地方财政中的作用非常重要。将财产税作为地方政府收入的重要来源，有利于缓解地方财政困难，调节收入分配不公。我国下一步应深化房地产税改革，逐步结束房地产保有层面的无税状态，将财产税培养为地方主体税种，构建起适合中国国情的直接税体系。

7.3.3　完善转移支付制度

中央对地方转移支付制度是中央与地方政府财政关系的重要纽带，也是落实中央宏观调控政策的重要工具。改革开放以来，我国采取渐进式的财政改革模式，逐步建立健全了现行一般性转移支付和专项转移支付相结合的制度框架。随着近年来转移支付规模迅速扩大，确有必要对我国现行中央对地方转移支付制度总体框架进行重新审视。按照健全财力与事权相匹配的财政体制的原则，建立科学、规范、透明的转移支付制度。"十三五"期间，进一步完善中央对地方转移支付制度，可从以下四个方面着手。

（1）提高一般性转移支付比重。一般性拨款可以由接受方自由支配，受到地方政府的青睐是完全可以理解的。欧洲理事会的《地方自治宪章》中建议，尽可能使用一般性拨款。近年来，许多欧盟成员国政府也确实从专项拨款向更多地使用一般性拨款转变，如芬兰和法国。瑞典则更为彻底，从 1992 年开始专项拨款被大幅度削减，由一般拨款所取代。丹麦更多地使用一揽子拨款提高了地方政府在全国框架和标准内提供公共服务的自由度。

我国要实现"十三五"规划的目标，提高一般性转移支付特别是均衡性转移支付规模和比例，必须要建立一般性转移支付稳定增长机制，加大对欠发达地区的转移支付力度。2015 年中央对地方均衡性转移支付系数，即标准收支缺口弥补率为 60%，但受经济增长速度放缓、所得税增长率下降，而民生支出保障稳定增加等因素影响，如果不能通过大力整合专项转移支付、削减低效无效资金的方式，继续提高标准支出缺口弥补率的难度较大。一般性转移支付资金要优先弥补限制开发区和农产品主产区的标准收支缺口，保障这些地区率先享受全国均等化的服务水平，对一些资源型地区的阶段性财政困难要保证雪中送炭。

（2）清理整合专项转移支付。专项拨款与中央政府必须履行的任务相关联，尤其是那些比较适合由中央政府规定的公共服务标准，应由中央财政安排资金，接受方必须将其用于指定用途。专款的目的既可能十分具体，也可能比较宽泛。各国的官僚机构一般都千方百计地扩大本部门支配国家资源的能力，试图通过增加专款赋予本部门比其他政府部门更高的权力。因此，在一定程度上，政府实现其目标的能力取决于政府机构之间是否能有效配合，是否能形成凝聚力。但最近 10 多年来，国际上的一个趋势是控制专款规模，转而增加一般性转移支付。其中，分权国家试图通过规定全国性标准而减少重复和调控的成本；中央集权国家则向权力共享的安排和分权的方向转变，增加地方政府的自由裁量权。实行分税制以来，我国中央集中的财力相当部分用于专项转移支付，随着中央对地方专项转移支付的迅速增加，全国人民代表大会、审计、地方政府等提出了诸多异议，如申请成本过高、不符合实际需要、使用效率低下等，要求压缩专款的呼声不绝于耳。国务院也多次要求财政部门压缩专款，但由于影响各部门利益而倍受阻挠，最后不了了之。

"十三五"期间，中央财政要下大决心，清理整合归并专项转移支付。严格控制新设专项转移支付项目，除国家有关法律法规、党中央和国务院文件要求设立的项目外，原则上不设立新的专项转移支付项目，确需设立的必须报国务院审批。严格控制涉及企业发展等市场竞争领域的专项转移支付项目的设立及资金规模，促进完善企业公平竞争的外部环境，减少"寻租"空间。

进一步完善转移支付分配办法，加大按照"因素法"分配的权重；采用"项目法"分配的转移支付，要积极研究将资金切块提前通知省级政府，由省级政府根据中央有关要求细化资金分配，中央财政不再负责具体项目管理，努力抑制"跑部钱进"现象的产生。建立转移支付资金使用的信息反馈机制，逐步实现对转移支付资金的动态监控。研究建立转移支付预算绩效评价体系，提高资金使用效益。同时，规范专项转移支付配套政策，合理控制地方财政负担。

（3）建立分类转移支付体系。考虑到现行中央对地方一般性转移支付中的教育、卫生、社会保障等转移支付的管理方式介于一般性转移支付和专项转移支付之间，既用于指定的基本公共服务领域，又不规定具体用途，建议比照美国、加拿大等国家的做法，将这部分转移支付独立为分类转移支付，更便于理解和促进基本公共服务均等化。

（4）推进转移支付法制建设。邓小平同志曾说，好的制度能够对政府行为、企业行为和个人行为进行规范，使坏人不敢做坏事；而缺乏制度和不好的制度，会使好人也做坏事。最终，还是要通过制度管人、管事。法律和制度建设是促进区域经济和社会协调发展的基础和必要保证，经济状况比较好的时候，更应该注重制度的建设和时效性。当前，有必要通过修订《中华人民共和国预算法》，进一步明确转移支付管理的原则要求。同时，推进《财政转移支付管理暂行条例》起草工作，进一步增强规范性和透明度。继续主动向社会公开除涉密项目外的转移支付项目资金管理办法，并在此基础上逐步公开分配结果，自觉接受社会的监督和评价。

7.3.4　完善省以下财政体制

我国地方政府主要包括省、市、县、乡四级，规模庞大，人口众多，省以下各市县财力相差悬殊。从长期来讲，我国应调整行政区划，以经济为核心适当增加省级政府的个数，提升县级管理权限，建立中央、省、市（县）三级政府的扁平式行政框架。从人事管理、经济管理权限、财政管理体制等方面，实施全方位的三级政府管理体制，既有利于压缩行政成本，又有能够提高政府管理效率。"十三五"期间，在行政区划未做大调整的前提下，结合税制改革和中央对省的财政体制调整，进一步完善省对下财政体制，具体可从以下四个方面着手。

（1）进一步理顺省以下收入划分，中央直接明确增值税等主要税种在省、市（县）的划分比例，"一竿子插到底"。

（2）强化省级政府在义务教育、医疗卫生、社会保障等基本公共服务领域的支出责任，提高民生支出的保障程度。在加快行政管理体制改革和其他经济管理权限下划的基础上，积极推进省直管县财政管理方式改革。强化乡镇财政的监督管理职能，提高财政资金使用效益。

（3）省、市级财政要按照区域内基本公共服务均等化的要求，保证县级基本公共服务支出需求，逐步提高县级财政在省以下财力分配中的比重，实现保工资、保运转、保民生的目标。

（4）加快完善省以下转移支付制度。扩大省级政府对县乡政府的财政转移支付规模和力度，充分发挥省级转移支付有效调节区域内基本公共服务财力差距的功能。对采取"省直管县"财政管理体制的地区，省级政府要根据本地区财力状况，增加对县乡政府的转移支付；对没有实施"省直管县"财政管理体制的地区，要严格控制市（地）级政府从县乡政府集中财力，财力较强的市级政府要采取多种方式增加对县乡政府的转移支付。

7.3.5 加强地方政府性债务管理

根据国际上政府举债的黄金法则，经常性支出不能通过举债解决，只有长期的资本性支出才能通过举债融资。各地方政府的举债规模，根据各地的财政偿还能力确定。财政状况好的地方，举债规模大；财政状况差的地方，举债规模小。

经审计署审计，多年未浮出水面的地方政府性债务终于水落石出。截至2010年底，全国省市县三级地方政府性债务余额共计10.7万亿元。地方举债对于促进经济社会发展的积极作用毋庸置疑，存在的问题也不容忽视。防范地方政府性债务风险，关键是正确认识和对待风险。认识到风险并采取有效措施，就可以化险为夷；认识不到风险并听之任之，就可能险象环生。我们不能就债务论债务，就风险论风险，而应当站在国家经济、金融安全与可持续发展的高度，着力防范地方政府性债务风险演变成金融风险，进而影响国家宏观经济的安全。

2014年8月全国人大常委会审议通过的新预算法，明确允许地方政府适度举债，并从举债主体、举债方式、规模控制、预算管理、举债用途、风险控制、责任追究等方面对地方政府债务管理做出了规定。2014年9月，国务院印发《关于加强地方政府性债务管理的意见》，进一步明确了地方政府债务管理的整体制度安排。

1. 已经取得的成效

根据上述法律政策规定，"十二五"期间，财政部逐步建立规范的地方政府举债融资机制。2015年经全国人民代表大会和国务院批准，共下达新增地方政府债券额度1.8万亿元，用于支持国务院确定的重点方向。经过清理甄别、地方自查、重点抽查、财政部审核等程序，确定地方政府债务限额为16万亿元，并下达了分地区债务限额。此外，经国务院批准，2015年财政部向各地下达置换债券额度3.2万亿元，将被置换的存量债务成本从平均约10%降至3.5%左右，预计将为地方每年节省利息支出2000亿元，缓解地方偿债压力，降低了地方利息负担，为地方腾出资金支持重点项目建设创造条件，实现了对当年到期债务的全覆盖，有效缓释地方偿债风险。

2016年中央财政继续加大新增地方政府债券投放力度，新增地方政府债务限额 11800 亿元，满足地方政府合理融资需求，明确新增地方政府债券支持重点，要求地方将债券资金优先用于支持扶贫、棚户区改造、普通公路建设等重大公益性项目支出，及"一带一路"、京津冀一体化等重大战略领域，为地方筹集建设资金提供有力支持。此外，2016 年共下达地方政府置换债券规模上限 54696 亿元，截至 2016 年底，全国地方累计完成发行置换债券 8.1 万亿元，当年降低地方利息支出约 4000 亿元。

2015 年经国务院批准印发《关于对地方政府债务实行限额管理的实施意见》，明确对地方政府债务余额实行限额管理，地方政府举债不得突破批准的限额。经全国人大审议批准 2016 年地方政府债务限额 17.19 万亿元，依法设定地方政府债务的"天花板"，防止政府债务过快增长，并按照各地区财力、债务风险等依法合理确定分地区限额，形成良好政策导向，激励地方化解债务风险。

2016 年首次在全国预算中全面反映政府债务情况，指导地方在年初预算草案和预算调整方案中反映政府债务情况，主动接受各级人大监督。建立健全地方政府债务风险应急处置机制，开展地方政府债务风险评估和预警。综合运用债务率等指标，组织评估 2014 年、2015 年末地方各级政府债务风险情况，并向有关部门和地方政府通报风险预警结果，鼓励相关部门加强风险评估和预警结果利用，努力形成政府债务监管合力。督促指导各省级政府全部制定了政府债务风险化解规划或应急处置预案，多渠道筹集资金化解存量债务。坚持"开前门、堵后门"的管理思路，着力构建对地方政府举债融资行为的常态化监督机制，坚决遏制住违法违规或变相举债蔓延势头，严肃财经纪律，牢牢守住不发生系统性区域性风险的底线。

2. 存在的问题和风险

截至 2016 年末，我国地方政府债务余额 15.3 万亿元（预计执行数），比上年末略有下降，考虑到当年地方综合财力的增长，地方政府债务风险总体有所下降，地方政府债务风险总体可控。但局部地区风险不容忽视，主要是一些地区违法违规举债担保屡禁不止、融资平台公司市场化转型进展缓慢、个别地区偿债能力有所减弱等，如果处理不当，容易引发区域性系统性风险。主要问题包括：

一是违法违规或变相举债屡禁不止。一些地方政府继续通过融资平台公司变相举债；一些地方 PPP 项目、政府投资基金存在回购合作方投资本金、承诺保底收益等变相举债行为；一些地方违规扩大政府购买服务范围，将原则上应通过既有预算资金购买公共服务，扩大为通过未来年度资金购买当前建设工程等，实际上是变相举债。这些做法形式隐蔽，且在一些地区已呈蔓延态势，容易引发区域性系统性风险。

二是违法违规担保时有发生。部分金融机构发放贷款时仍然要求地方政府提供担保承诺，个别开发性、政策性金融机构要求地方政府为专项建设基金本金回购提供担保；一些市县人大、政府及其部门仍违法对融资平台公司发行的信托等金融产品出具担保函、承诺函。

三是融资平台公司转型进展缓慢。许多融资平台公司缺乏持续稳定的经营性现金流，自身"造血"能力较弱，与政府的关系短期内难以厘清，制约了市场化转型的进程；或有债务处置涉及面较广、情况复杂，加大了处置难度。

四是部分地区政府偿债能力有所减弱。受经济下行压力影响，地方政府财力增速总体放缓，土地出让收入增长不稳定且地区间差异较大，局部地区债务率超出警戒标准，东北及中、西部地区一些市县债务风险凸显。

3. 下一步规范地方政府债务管理的思路

党中央、国务院对地方债务风险高度重视，具体落实还要财政部牵头，财政部门不能只扫"门前雪"，对各部门、各地方采取硬约束措施，继续坚持"开前门、堵后门"的改革思路，进一步完善地方政府债务管理制度，坚决制止地方政府违法违规融资担保行为，堵住各种不规范渠道，切实防范化解财政金融风险。

一是健全地方政府债务管理制度。督促地方严格落实政府债务限额管理和预算管理，严格控制地方政府债务规模，规范政府举债程序。

二是合理安排新增债券规模。充分发挥政府债务对经济社会发展的促进作用，通过开好"前门"，保障地方政府合理融资需求，支持地方稳增长、补短板。

三是继续发行地方政府债券置换存量债务。减轻地方政府利息负担，缓解地方偿债压力，防范财政金融风险。

四是推进融资平台公司市场化转型和融资。剥离融资平台公司政府融资职能，并继续发挥转型后的企业对经济发展的积极作用。

　　五是建立健全地方政府债务风险预警和应急处置机制。加强对地方政府债务风险的评估和预警，坚持法治化原则分类处置风险事件，依法实现债权人和债务人合理分担风险。

　　六是坚决制止地方政府违法违规融资或变相举债行为。建立财政部驻各地专员办对地方政府债务的日常监督机制，依法加大查处和曝光力度，对违法违规的地方政府、金融机构，转请省级政府和有关监管部门依法追究有关责任人的责任。

第 *8* 章

基本公共服务均等化

人人享有基本公共服务，是最广大人民群众根本利益所在，集中反映了人民政府以人为本的施政理念。"十三五"时期，建立健全基本公共服务体系，促进基本公共服务均等化，是深入贯彻落实科学发展观的重大举措，是构建和谐社会、维护社会公平正义的迫切需要，也是区域均衡发展的最终目标。

8.1 公共服务体系建设已经取得初步进展

改革开放 40 年来，我国在经济社会发展方面取得的成就令人瞩目，公共财政的理念逐步深入人心。由于政府提供的基本公共服务对象是广大人民，因此基本公共服务支出与我们通常所说的"民生支出"的范围基本一致。近些年来，随着国家财政实力的增强，各级政府用于社会保障、医疗卫生、义务教育等基本公共服务方面的投入明显增加，使广大人民群众享受到了更多看得见、摸得着的实惠。近年来中央财政用于民生方面的开支占中央财政支出总额一般在 60% 以上，一些地方财政用于民生的支出比例更高。总体来看，我国基本公共服务制度的雏形已经形成，人民群众上学、就业、看病、生活保障、文化体育等难点热点问题得到有效缓解。如基础教育得到普及，高等教育实行扩招，疾病传染造成的负担明显减轻，医疗保险的范围大幅提升，覆盖城乡的社会保障体系已经初步建立等。

但同当前的国民经济发展水平和公众日益增长的物质文化需求相比，我国公共服务体系仍然存在一些不容忽视的问题。一是由于服务型政府建设和社会事业发展相对滞后，导致卫生、社会保障等基本公共服务仍然供给不足，居民自身负担基本公共服务支出比例较高，老百姓最关心、最直接、最现实的利益仍没有保障；二是受地区间财力差距过大的影响，城乡、地区、人群之间的基本公共服务水平差距仍然较大，而且还在逐年扩大，对此老百姓是有意见的。

在 2030 年之前，如果想让所有公民分享国家的繁荣并为之做出贡献，政府就必须提供平等使用、质优价廉的医疗和教育等基本公共服务体系，全面实现机会均等和社会保障。"十三五"时期是我国全面建设小康社会的决胜阶段，也是深化改革开放、经济结构深度调整的攻坚时期。着力保障和改善民生，逐步完善符合国情、比较完整、覆盖城乡、可持续的基本公共服务体系，推进基本公共服务均等化是各级政府的重要工作目标。

8.2　基本公共服务体系的范围和内涵

基本公共服务体系是由基本公共服务范围、标准、资源配置、管理运行、供给方式以及绩效评价所构成的系统性、整体性的制度集合体。理论上以"竞争性"和"排他性"为标准，将公共服务细划为"纯公共服务"和"准公共服务"。根据公共产品属性，大部分学者将"纯公共服务"视为"基本公共服务"的范畴，提供基本公共服务是政府义不容辞的职责。按照保基本、广覆盖、可持续的原则，保障范围要逐步覆盖城乡全体居民，保障标准既要尽力而为，又要量力而行，刚起步阶段标准可以低一些，以后再随着发展而逐步提高，增强政策的可持续性，使基本公共服务制度能够长期运行下去。要发挥市场和社会功能，对一些非基本的公共服务，通过市场机制引入社会资本，满足多层次、个性化的需求。这样做既可以为社会资本开辟更大的投资空间，促进社会事业发展；又可以使政府更好地集中财力，履行保基本的职责。

基本公共服务的"基本"不是绝对的，世界组织、不同的国家，以及同一国家的不同发展阶段呈现出不同的内涵。联合国将基本公共服务指定为"清洁水、卫生设施、教育、医疗卫生和住房"；美国主要强调义务教育、公共卫生和养老保险；加拿大将"教育、医疗卫生和社会福利"作为基本公共服务范围；巴西只将"医疗卫生"列入基本公共服务；印度尼西亚把"初等教育和公路设施"列为基本公共服务；南非的基本公共服务主要包括"基础教育（学前和小学教育）、初级医疗，以及饮用水、卫生设施、营养、社会福利和公共工作项目等"。

我国公共服务体系的范围也经历了逐步演变的过程。改革开放之初，我国的基本公共服务范围较窄，仅覆盖了教育、卫生、公共基础设施、社会治安等，而且主要侧重城市，大部分农村缺乏基本公共服务保障，如农村义务教育等，通过"三提五统"等收费来解决。从 20 世纪末开始，我国政府提供的基本公共服务保障范围逐步扩大，标准逐步提高。

2006 年党的十六届六中全会《关于构建社会主义和谐社会若干重大问题的决定》，把教育、卫生、文化、就业和再就业服务、社会保障、生态环境、公共基础设施、社会治安等列为基本公共服务范畴。广义上还包括与人民生活环境紧密关联的公共安全、消费安全和国防安全等领域的公共服务。2012 年国务院印发的《国家基本公共服务体系"十二五"规划》明确指出，基本公共服务范围一般包括保障基本民生需求的教育、就业、社会保障、医疗卫生、计划生育、住房保障、文化体育等领域的公共服务，广义上还包括与人民生活环境紧密关联的交通、通信、公用设施、环境保护等领域的公共服务，以及保障安全需要的公共安全、消费安全和国防安全等领域的公共服务。

从中长期来看，我国健全公共服务体系具体可从以下五个方面入手：一是在儿童早期营养和教育方面加大公共投入力度，特别是针对农村和贫困儿童，必须深化和扩展人力资本基础。二是降低基础教育以后的教育费用，加大对高中教育的投入，改革职业技术教育培训（TVET）和大学教育。三是重建中国的初级卫生保健体系，控制非传染疾病（NCD）的流行，通过重新调整医疗卫生服务的目标，促进基本医疗卫生资源合理和均衡使用。四是扩大养老金的覆盖范围，解决历史造成的欠账问题，实现养老金全国统筹，解决流动人口社会保障资金的可转移和部分地区养老金的赤字问题，将全体农村居民、农民工和城市在非正式部门的就业人员纳入社会保障体系。五是要根据收入水平、劳动力赡养能力、当地基本消费水平确定低保标准，建立规范的无"体制泄漏"的低保体系，使之成为贫困人口的生命线和"保险阀"。要塑造一个具备国际竞争力的创新型国家，在国际市场上与发达经济体同台竞技，中国就需要加快推进覆盖城乡居民的社会保障体系建设，打造一支更为灵活、充满活力、能够依据不断变化的市场条件迅速做出调整的劳动力大军。

8.3 "十三五"时期基本公共服务体系

2012 年国务院印发《国家基本公共服务体系"十二五"规划》，首次系统阐明国家基本公共服务的制度安排，明确基本范围、标准和工作重点，引导公共资源配置，是"十二五"时期构建国家基本公共服务体系的综合性、基础性和指导性文件，也是政府履行公共服务职责的重要依据。《国家基本公共服务体系"十二五"规划》指出，要把基本公共服务制度作为公共产品向全民提供，着力保障城乡居民生存发展基本需求，着力增强服务供给能力，着力创新体制机制，不断深化收入分配制度改革，加快建立健全符合国情、比较完整、覆盖城乡、可持续的基本公共服务体系，逐步推进基本公共服务均等化。

2017 年国务院印发了《"十三五"推进基本公共服务均等化规划》，提出了"十三五"时期国家基本公共服务制度框架及各领域重点任务和保障措施。《"十三五"推进基本公共服务均等化规划》指出，国家基本公共服务制度紧扣以人为本，围绕从出生到死亡各个阶段和不同领域，以涵盖教育、劳动就业创业、社会保险、医疗卫生、社会服务、住房保障、文化体育、残疾人服务等八个领域的 81 个项目基本公共服务清单为核心，以促进城乡、区域、人群基本公共服务均等化为主线，以各领域重点任务、保障措施为依托，以统筹协调、财力保障、人才建设、多元供给、监督评估五大实施机制为支撑，是政府保障全民基本生存发展需求的制度性安排（见图 8-1）。"十三五"时期基本公共服务均等化的主要目标是：到 2020 年，基本公共服务体系更加完善，体制机制更加健全，在学有所教、劳有所得、病有所医、老有所养、住有所居等方面持续取得新进展，基本公共服务均等化总体实现。城乡区域间基本公共服务大体均衡，贫困地区基本公共服务主要领域指标接近全国平均水平，广大群众享有基本公共服务的可及性显著提高。

1. 加大基础设施投入是必要条件

我国落后地区大多缺乏交通运输、供电供水等基本公共服务设施。例如，云南、贵州、广西境内很多县都没有通二级公路，公共服务基础设施不足，在许多方面限制这些地区经济增长潜力的发挥，加大了公共服务的成本。为了实

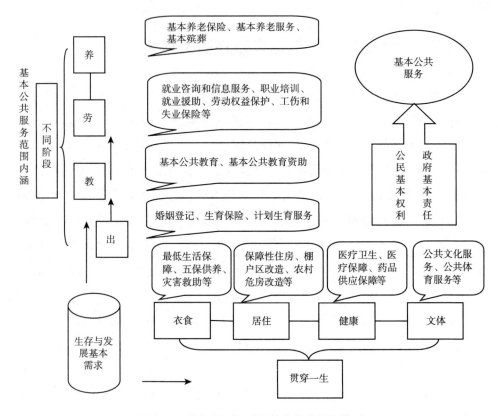

图8-1 "十三五"时期基本公共服务体系

现均衡发展的目标，中央政府要通过转移支付手段改善贫困地区的基础设施，为落后地区创造一个均等发展机会，也是对地区间存量差距的一种弥补。

2. 保障和改善民生是核心内容

构建基本公共服务体系，应首先从解决关系到人民群众切身利益的问题入手，推进就业、教育、医疗、住房等民生工程，着力构建社会保障的安全网。其次，缩小地区内部和地区之间在教育水平、卫生、就业和社会保障制度上的差异，减少机会的不平等，对社会和谐至关重要，有利于充分释放中国劳动者的潜力。最后，公共服务体系建设要以我国实际经济发展水平为基础，关键是把握适当的"度"，不能超越发展阶段。公共服务保障支出刚性很强，增加皆大欢喜，要减少是很难行得通的。人们的期望永远不可能完全满足，如果步伐过大，超过了经济承受能力，就会损害经济发展的活力。国际金融危机以来一些国家的社会动荡，如英国工人罢工、希腊主体债务危机等，都与社会福利受到限制有关。

3. 贫困地区和贫困人口是关键

每个社会成员都有权享受教育、健康、长寿和体面的生活。然而，贫困却剥夺了一些人的这些基本权利。贫困不仅使他们得不到最低生活保障，还剥夺了他们作为人应有的尊严。贫困在我国不只是地区现象，即使在沿海地区，如广东、江苏、河北和海南，也有不少人生活在贫困线以下。不过，贫困现象在西部和中部的内陆省份要普遍得多。因此，公共服务体系重点关注的应是贫困地区和贫困人口，各级政府应当重点加大对贫困地区和最贫困人口的公共服务投入。

4. 与主体功能区规划相衔接

按照主体功能区规划的要求，对优化开发区和重点开发区的城市化地区，要根据工业化城镇化进程需要，加强基本公共服务对人口集聚和吸纳能力的支撑，使基本公共服务设施布局、供给规模与人口分布、环境交通相适应。结合户籍制度和土地制度等改革，逐步将基本公共服务领域各项法律法规及政策与现行户口性质相剥离，保障符合条件的外来人口与本地居民平等享有基本公共服务。鼓励和倡导长三角、珠三角等发达地区率先实现区域内基本公共服务均等化。

对国家限制开发的农产品主产区、重点生态功能区和禁止开发的自然文化资源保护区，中央和省级政府要加大财政转移支付力度和财政投入，保障当地居民不因经济开发活动受限制而降低基本公共服务水平。切实加强社会保险、城乡低保、保障性住房等制度建设，保障群众基本生活需要；切实提高教育、就业、医疗卫生等公共服务水平，提升人力资本素质，为人口迁出和转移就业创造条件。

8.4 基本公共服务均等化的理论澄清

2009 年世界银行总结经济地理的全球性经验表明，世界上没有哪个经济体的各个地区能够完全平等地发展。虽然有一些国家实现了地区间人均国内生产总值水平大体均等，但我国各地区间的自然条件差异太大，是不可能做到的。在市场经济条件下，不同区域经济社会存在差距是正常的，但政府应为各地居民提供均等化的基本公共服务，这是现代社会政府存在和发展的基础，有利于社会和谐稳定。

8.4.1 公共服务均等化的内涵

地区间基本公共服务均等化，旨在满足不同区域间人们享受的基本公共服务内容和水平的均等化，以及让不同地区的居民都具有相同的权利和机会，不会因身份和地区的不同享有不同的公民待遇。

从政府提供公共服务的过程看，主要是：公共服务投入（input）→公共服务产出（output）→公共服务效果（outcome）。公共服务投入是公共服务均等化的前提和保障，但对于公共服务的接受者来说，他们获取的是公共服务的产出，更希望享受的是均等化的公共服务结果。相对而言，基本公共服务投入能力的均等化更容易实现。在中央制定统一的基本公共服务标准和范围的前提下，产出的均等化也相对容易实现和衡量。如入学率、教育年限、病床数、低保标准、新型农村合作医疗标准等。但基本公共服务效果与当期财政支出不一定直接相关，往往受学校、医院、图书馆、公路、水利等基础设施建设累计资本的持续影响较大。实际上，由于各地需求偏好、管理水平的差异，即使各地公共服务投入水平均衡，也很难实现公共服务效果的均等化。

从各国实践看，一般国家都从财政投入角度衡量公共服务均等化，即中央政府按照国民标准考虑各地的支出成本差异，通过保障地方公共服务投入能力实现财政能力的均等化，并通过法律形式固定下来，如丹麦、意大利、瑞士、德国、加拿大、日本等。也就是说，这种公平性不是给各地方政府提供完全相同的公共服务，而是通过以公平性为基准的财政调整，使各地财政供给能力实现公平。

8.4.2 均等化不是简单的"平均主义"

首先，政府提供的基本公共服务应主要保证过程公平、机会均等，而不是简单的"平均主义"。其次，均等化是一个"相对"概念，从制度实践的结果看，"绝对的"均等化所表现的"平均主义"将会损坏经济社会发展的效率性。最后，公平或均等化是一个过程，是追逐既定理想目标的过程，并不完全意味着既定目标的实现。

无论是以美国为代表奉行自由资本主义模式的国家、以日本为代表强化政府干预模式的资本主义国家，还是选择高福利制度的欧洲国家，公共服务都不可能实现绝对的均等，否则将走向平均主义道路的泥沼。高福利国家奉行的福利政策所导致的高失业率就是一个很好的例证。此外，各地公共支出成本也存在差异，如东部地区的高物价因素；西部地区的高海拔、温度低、地广人稀交通成本高等因素。如果以上海和贵州地方政府提供的公共服务水平完全相等作为目标，必然会挫伤上海等发达地区发展生产力的积极性，加重欠发达地区的依赖程度，成为一个"养懒汉"的机制，结果是共同贫穷。只有承认合理差距，才能调动各地区的主动性、积极性和创造性；只有"做大蛋糕"，才能实现高水准的公平。

综观成熟市场经济国家、新型工业化国家的经验，它们所倡导的核心公共服务，尽管侧重机会的均等，也注重保持效率原则。政府实现的公共服务"均等"只能维持或缩小公共服务的差距，只是一种"保底"的均等。所谓"保底"是指一定社会经济发展阶段民众可以容忍、政府可以实现的最低目标，它是一个"相对概念"，是将公共服务的差距控制在社会"可容忍"范围内。

8.5　"十三五"时期推进基本公共服务均等化的思路

8.5.1　我国实现基本公共服务均等化的机遇和挑战

一般而言，在经济社会发展的较低阶段，政府往往将公共服务的着力点放在公共服务的总体水平上，优先在最有条件的地方提供公共服务；在经济发展达到较高的阶段，公共服务总体上达到一定的水平之后，将优先考虑基本公共服务均等化。中国财政学会的研究指出，西方国家的经验是在实现工业化和人均 GDP 达到 3000 美元之后，开始逐步提高公共服务均等化的水平。

当前，我国人均 GDP 已经超过 8000 美元，推动基本公共服务均等化水平稳步提升的能力明显增强，但也面临新的机遇和挑战。主要包括：经济发展进入新常态，经济增长从高速转向中高速，经济结构深度调整，发展动力加快转换，保民生兜底线的任务更加艰巨；劳动年龄人口减少、人口老龄化加剧，老年抚养比上升，新型城镇化推动人口结构变化，对公共服务供给结构、资源布局、覆盖人群等带来较大影响；人民群众的公平意识、民主意识、权利意识不断增强，加快基本公共服务均等化任务更加艰巨；随着中等收入群体规模不断扩大，群众提高生活水平和改善生活质量的愿望更加强烈，提高公共服务供给质量和水平的要求也更加紧迫。

考虑到人口众多，且地区间差异较大的现实国情，"十三五"期间推动基本公共服务均等化仍然需要遵循低水平起步、渐进提高的稳健原则，保障标准不宜过高，谨防"欧洲病"。在明确基本公共服务范围的基础上，确定均等化的实现标准要统筹考虑、分步实施：一是先保证投入均等统筹运用各领域各层级的公共资源，推进科学布局、均衡配置和优化整合；通过加大基本公共服务投入力度，逐步寻求产出和效果的均等化。二是标准要从低到高，不断递进，充分发挥基本公共服务兜底作用，牢牢把握服务项目，严格落实服务指导标准，避免保障标准超出财政承受范围，影响相关制度的可持续性。三是加大向贫困地区、薄弱环节、重点人群的倾斜力度，统筹平衡各基本公共服务项目间、人群、地区间的保障水平，推动城乡区域人群均等享有和协调发展，避免引发攀比。

8.5.2 "十三五"时期实现公共服务均等化的具体举措

按照我国区域发展总体战略和主体功能区战略的需要，中央和省级财政应加快建立健全促进区域基本公共服务均等化的体制机制，逐步缩小区域间基本公共服务水平的差距。我国公共服务均等化的目标，是通过中央和省级政府适度集中财力和有效的再分配模式，促使各地公共服务保持在一定的水平，并逐步缩小公共服务结果和效果的差距。

要实现上述目标，首先，要强调"底线均等"，即欠发达地区的居民能够享受到不低于其他地区居民最低标准的公共服务，保证全国各地区居民的基本生存权和发展权；其次，地区间基本公共服务的差距应控制在一定的范围以内；最后，均等化必须尊重各地区居民的自由选择权，即基本公共服务均等化并不要求各地区公共服务的一律化或绝对平均，鼓励有能力的地方在满足人们基本公共服务的同时，根据自身的条件向人们提供更优良的公共服务。受我国各地自然地理条件、历史文化、经济发展水平差异的影响，区域间基本公共服务均等化在我国人群、城乡、区域间三个层面的均等化中属于任务最为艰巨的层面，必须加强总体设计，分步推进。

我国政府提供给各地区居民的公共服务主要由两部分构成：一是由中央政府提供的全国性公共服务，理论上不会产生较大的地区差别。"十三五"期间，中央政府有关部门要在建立健全基本公共服务标准、范围、评价、监测体系的基础上，对区域间基本公共服务的差距进行分析、评估和预警，重点通过转移支付制度防范区域间基本公共服务差距过大。二是各地方政府提供的地方性公共服务，其供给水平主要受地方政府财力水平影响。因此，地区间基本公共服务的均等化可以采用财力均等化程度来表示，但公共服务均等化并不完全等同于财力均等化，其理由是：首先，财力的均等必须将提供公共服务的成本差异考虑在内，所以包括各地成本差异的财力均等化实现公共服务均等化的必要条件。其次，公共服务的产出或结果，除了受财力作用外，还受政府职能定位、管理制度及效率性等因素的影响。只有在政府职能定位清晰、管理制度及效率性等因素相同的地区，公共服务均等化才等同于财力均等。然而，管理制度及效率性等因素难以衡量，政府职能定位不清或者其他目标的追逐都将影响公共服务的供给，但这些因素可以通过制度设计中的约束条件来弥补。

基本公共服务的主要提供者是地方政府特别是基层政府。县级政府要保证基本公共服务的具体提供，确保当地公众享受到的基本公共服务标准不下降，范围不缩小。此外，按照加快形成城乡经济社会发展一体化新格局的要求，县级政府要着力打破基本公共服务城乡二元体制，促进公共服务资源在城乡之间均衡配置，逐步建立城乡一体化的基本公共服务制度。

此外，实现基本公共服务均等化，需要完善宏观决策机制，国务院职能部门与省级政府间要加强磋商协调，保持各地区基本公共服务范围和标准基本一致，促进投资、财税、产业、土地和人口等政策围绕区域基本公共服务均等化形成合力。

8.6 均衡性转移支付制度设计

各国公共服务均等化的制度实践表明：无论是联邦制国家、还是单一制国家，无论是市场经济比较成熟的发达国家，还是市场经济较不发达和向市场经济转型国家，或者是发展中国家，毫无例外地都选择了转移支付制度来实现公共服务均等化。政府实现公共服务均等化的程度，主要取决于政府集中财力的规模、合理配置财政资源的方法，以及资金使用监督约束机制三个方面。

8.6.1 完善转移支付制度体系

首先，以基本公共服务均等化为目标确定需要集中的财力规模。从中央政府来看，财力规模的集中强度取决于当前公共服务实际差距、潜在差距及政府希望控制的"可容忍"差距。其次，以均等化为目标的财力配置。从中央政府配置财政资金来看，要以缩小公共服务差距为目标，根据公共服务范围及确定的均等化程度标准，按照"因素法"测算各地提供相当程度的公共服务的资金配置方法，重点考虑影响公共服务需求的要素、供给成本、管理制度等方面的差异，并结合各地标准财政收支缺口配置财政资源，实现各地提供公共服务的财政能力均等化。最后，必须建立公共服务水平提升和实现均等化目标的监督考核机制，否则会导致结果与政策目标相悖离。

本书主张，公共服务均等化可以采用财力均等化来度量，并采用两种互补性的转移支付形式交替进行：一是在测定公共服务需求的基础上，通过一般性转移支付，特别是均衡性转移支付缩小地区间公共服务的"现实差距"。换言之，在公共服务投入上实现"维持与发展"的均等化，均衡性转移支付可以定位在人员经费、公用经费与重大民生政策的基本财力保障领域，确保各地基本公共服务的差距不会进一步扩大。二是在科学测算区域间公共服务实际水平差距的基础上，通过专项转移支付缩小地区间公共服务水平的"存量差距"，该部分差距的缩小可以定位在缩小公共服务水平的资本性支出领域。通过这两种转移支付形式的有机结合，缩小地区间财力差距，最终实现基本公共服务均等化目标。

8.6.2 完善均衡性转移支付办法

为缩小地区间财力差距，逐步实现基本公共服务均等化，推动科学发展，促进社会和谐，有必要进一步完善现行中央对地方均衡性转移支付办法。

（1）完善中央对地方均衡性转移支付稳定增长机制。按照党的十七大提出的提高一般性转移支付（2009年已经改为"均衡性转移支付"）规模和比例的要求，避免因税收增长挂钩机制带来的年度波动，强化地方的合理预期，优化转移支付结构，促进基本公共服务均等化，有必要进一步完善现行中央对地方均衡性转移支付规模增长机制。具体做法是：以2015年均衡性转移支付占中央对地方转移支付总额的比例20%为基础，2017~2020年中央对地方均衡性转移支付占比每年提高1个百分点。同时，逐步提高均衡性转移支付系数，力争2020年实现基本公共服务均等化。

（2）建立省以下财力差距考核机制。为促进省以下推进基本公共服务均等化，中央财政建立省以下财力差距进行绩效考核机制。对各省省对下均等化努力程度前 5 位的地区，按照当年测算该地区转移支付额的一定比例给予奖励。

$$省对下均等化努力程度 = 标准化处理后（上年省以下人均支出差异系数$$
$$- 省以下人均支出差异系数）\times 60\%$$
$$+ 标准化处理后（省以下人均一般预算收入差异系数$$
$$- 人均支出差异系数）\times 40\%$$

均衡性转移支付系数按照均衡性转移支付总额、各地区标准财政收支差额以及各地区财政困难程度等因素确定。其中，困难程度系数根据地方"保工资、保运转、保民生"支出占标准财政收入比重及缺口率计算确定。

$$困难程度系数 = 标准化处理后（"保工资、保运转、保民生"支出$$
$$\div 地方标准财政收入）\times 50\% + 标准化处理后$$
$$（标准收支缺口 \div 标准支出）\times 50\%$$

$$标准化处理 = （某指标 - 指标均值）\div 指标标准差$$

$$指标均值：\bar{x} = \frac{1}{n}\sum x$$

$$指标标准差：var(x) - \sqrt{\frac{n\sum x^2 - (\sum x)^2}{n(n-1)}}$$

8.6.3　实现公共服务均等化的法律保障

纵观世界各国，都将财政转移支付制度作为实现公共服务均等化的必要途径，最大的共性就是都具有层次较高的法律作为保障。以法律形式来规范财政转移支付制度，确保了制度的合法性和严肃性。美国的各项转移支付都要根据有关法律决定并以法律形式确定下来，如《州和地方政府补助法》，作为各级政府间进行转移支付的基本依据，美国政府还通过法律手段对财政转移支付实施全过程监控。

我国的财政转移支付制度是在 1994 年开始实行的分税制财政管理体制基础上建立起来的，相关的法律法规体系建设比较滞后，缺乏法律支撑和保障。

现行的政府间财政转移支付制度依据的主要是各级政府规章，从中央、省到地方政府还没有专门的或者相关的转移支付法律。缺乏法律权威性和统一性，这在客观上降低了我国财政转移支付制度决策和运作的规范性和约束性。

因此，我国必须走一条从中央到地方的转移支付立法之路。首先应当由人民代表大会制定以《财政转移支付法》命名的单行法。然后，通过制定专门的国家、省及地方各层面的转移支付法及转移支付实施条例等基本法律、法规，确保我国财政转移支付制度的规范性、严肃性和长期性。

参考文献

1. 蔡昉：《刘易斯转折点——中国经济发展新阶段》，社会科学文献出版社 2008 年版。

2. 陈共：《陈共文集》，中国人民大学出版社 2007 年版。

3. 陈炜：《近代中国区域城市发展不平衡的现象分析》，载于《乐山师范学院学报》2006 年第 21 卷第 6 期。

4. 董礼胜：《欧盟成员国——中央与地方关系比较研究》，中国政法大学出版社 2000 年版。

5. 郝寿义和安虎森：《区域经济学》，经济科学出版社 2004 年版。

6. 胡鞍钢、胡联合等：《转型与稳定：中国如何长治久安》，人民出版社 2005 年版。

7. 胡鞍钢、王绍光等：《中国地区差距报告》，辽宁人民出版社 1995 年版。

8. 华民：《不均衡的经济与国家——国家干预经济的目的和方法》，上海远东出版社 1998 年版。

9. 李萍、许宏才、李承等：《财政体制简明图解》，中国财政经济出版社 2010 年版。

10. 李善同、冯杰、侯永志：《中国区域发展趋势十大预言》，载于《财会月刊》2004 年第 9 期。

11. 刘东勋、宋丙涛、耿明斋：《新区域经济学论纲》，社会科学文献出版社 2005 年版。

12. 刘卫东、刘毅、秦玉才等：《2009 年中国区域发展报告——西部开发的走向》，商务印书馆 2010 年版。

13. 罗宾·鲍德威、沙安文：《政府间财政转移支付理论与实践》，中国财政经济出版社 2011 年版。

14. 罗布江村、陈运达、陈栋生:《区域发展创新论》,经济科学出版社 2008 年版。

15. 全国人民代表大会常务委员会预算工作委员会调研室:《中外专家论转移支付》,中国财政经济出版社 2003 年版。

16. 佘国信、陈秋华等:《地区间财力差异与调节》,中国财经出版社 1999 年版。

17. 世界银行:《2006 年世界发展报告——公平与发展》,清华大学出版社 2006 年版。

18. 世界银行:《2009 年世界发展报告——重塑世界经济地理》,清华大学出版社 2009 年版。

19. 谭崇台:《发达国家发展初期与当今发展中国家经济发展比较研究》,武汉大学出版社 2008 年版。

20. 特里萨·特尔－米纳什:《政府间财政关系理论与实践》,中国财政经济出版社 2003 年版。

21. 王磊:《基于集聚视角的西方区域经济发展理论及其对我国的启示》,载于《城市发展研究》2010 年第 7 期。

22. 王绍光:《安邦之道——国家转型的目标与途径》,三联书店 2007 年版。

23. 王莹:《财政均等化——理论与实践》,中国财政经济出版社 2008 年版。

24. 韦国友:《中国区域城市发展不平衡的历史考察》,载于《玉林师范大学学报》2005 年第 4 期。

25. 熊文钊:《大国地方——中国民族区域自治制度的新发展》,法律出版社 2008 年版。

26. 熊文钊:《大国地方——中国中央与地方关系宪法政研究》,北京大学出版社 2005 年版。

27. 张国刚:《唐代藩镇研究》,中国人民大学出版社 2010 年版。

28. 张启春:《中国区域差距与政府调控——财政平衡机制和支持系统》,商务印书馆 2005 年版。

29. 张瑜：《浅论中国古代经济重心的南移》，载于《皖西学院学报》2004 年第 6 期。

30. 周多明：《中国历代政府理财之道》，中国财政经济出版社 2010 年版。

图书在版编目（CIP）数据

中国地区间财力平衡问题研究／郑涌著．
—北京：经济科学出版社，2018.9
（财政与国家治理系列丛书）
ISBN 978 - 7 - 5141 - 9804 - 1

Ⅰ.①中… Ⅱ.①郑… Ⅲ.①财力 - 区域差异 -
研究 - 中国 Ⅳ.①F812.7

中国版本图书馆 CIP 数据核字（2018）第 229578 号

责任编辑：齐伟娜 初少磊
责任校对：王肖楠
责任印制：李 鹏

中国地区间财力平衡问题研究
郑 涌 著
经济科学出版社出版、发行 新华书店经销
社址：北京市海淀区阜成路甲 28 号 邮编：100142
总编部电话：010 - 88191217 发行部电话：010 - 88191522
网址：www. esp. com. cn
电子邮件：esp@ esp. com. cn
天猫网店：经济科学出版社旗舰店
网址：http：//jjkxcbs. tmall. com
北京季蜂印刷有限公司印装
787 × 1092 16 开 11 印张 180000 字
2018 年 12 月第 1 版 2018 年 12 月第 1 次印刷
ISBN 978 - 7 - 5141 - 9804 - 1 定价：39.00 元
（图书出现印装问题，本社负责调换。电话：010 - 88191510）
（版权所有 侵权必究 打击盗版 举报热线：010 - 88191661
QQ：2242791300 营销中心电话：010 - 88191537
电子邮箱：dbts@ esp. com. cn）